Manfred Kiesel

Kreativer Kunstunterricht in der Grundschule

Grafik

Auer Verlag GmbH

Gedruckt auf umweltbewusst gefertigtem, chlorfrei gebleichtem
und alterungsbeständigem Papier.

1. Auflage. 2000
Nach der Neuregelung der deutschen Rechtschreibung

Gesamtherstellung: Ludwig Auer GmbH, Donauwörth
ISBN 3-403-03174-8

INHALT

* *Zu diesen Kapiteln finden Sie jeweils eine Kopiervorlage im Anhang ab S. 144*

Vorwort

Wenn man seinen SchülerInnen etwas nahe bringen will, muss man selbst davon überzeugt sein, man muss „dahinterstehen“, man muss helfen und beraten können. Schülerinnen und Schüler sind sensibel, sie erkennen Ihr Engagement. Eine Vorbereitung, so kurz sie auch immer sein mag, sollte auch immer eine praktische Vorbereitung sein, zumindest dann, wenn eine neue Technik, neue Materialien oder neue Problemstellungen anstehen. Eine solche Vorbereitung entspannt hoffentlich, Sie erfahren Möglichkeiten und Schwierigkeiten, Sie wissen also, was Sie Ihren Schülerinnen und Schülern abverlangen.
Unterricht in der Primarstufe ist oft auch Unterricht in Zusammenhängen, ohne Klingel, ohne ausgeklügeltes Fachlehrersystem. Das ermöglicht Freiräume, hat aber auch Abhängigkeiten. Viele der vorgestellten Aufgaben lassen sich motivisch/thematisch verändern und den jeweiligen Zusammenhängen oder Arbeitsgebieten anpassen.

Zeichnen und andere grafische Techniken sind meist ohne größeren Aufwand zu realisieren. Da viele Ihrer SchülerInnen im Vorschulalter vermutlich viel mehr gezeichnet als gemalt haben, sollten abwechslungsreiche Themen- und Problemstellungen eingesetzt werden. Auf überfachliche und Fächer verbindende Vorhaben kann hinsichtlich der Motiv- bzw. Themenstellung flexibel reagiert werden. Viele Arbeitsvorschläge können auch als zeitlich begrenzte Differenzierungsangebote oder als freiarbeitsorientierte Angebote eingesetzt werden.
Auch im Kunstunterricht, in der bildenden Kunst oder wie das Fach auch heißen mag, soll etwas dazugelernt, sollen Erfahrungen gemacht, soll die Wahrnehmung verfeinert, kreatives Verhalten gefördert werden. Solche Zielsetzungen verlangen einen Unterricht, der nicht nach dem Motto „Vormachen – Nachmachen“ abläuft, sondern der Freiräume zum praktischen Experimentieren und Erproben schafft, der Problemstellungen aufzeigt, der unterschiedliche Lösungen zulässt.
Schülerinnen und Schüler brauchen auch im Kunstunterricht Anhaltspunkte und Orientierungshilfen. Deshalb sind Kunst- und Werkbetrachtungen unverzichtbare Bestandteile dieses Unterrichts. Kunstwerke sind fast nie eindeutig, unterschiedliche Auffassungen können gebildet und erörtert werden. Dabei sind kulturelle, soziale, politische und historische Kontexte nur sparsam und altersstufengerecht zu berücksichtigen. Einsetzbare Kunstwerke mit Bezugsquellen und andere Objekte zur Betrachtung werden genannt. Es können natürlich auch ähnliche Werke von anderen KünstlerInnen eingesetzt werden.

Die Angabe der Klassenstufe dient lediglich der groben Orientierung, die Zeitangaben sind Erfahrungswerte, die sich ausschließlich auf die Dauer der praktischen Arbeit, also ohne Einführungen, Zwischen- und Schlussbesprechungen beziehen.
Das Material ist in der Regel nicht teuer und einfach zu beschaffen. Wichtig dabei ist, dass Sie mittel- und längerfristig alles sammeln lassen, was für den Unterricht Verwendung finden könnte. Kunstunterricht „lebt“ vom Material. Unterschiedliche Materialien bringen Abwechslung, neue Ideen und Herausforderungen.
Notwendige Arbeits- und Kopiervorlagen finden Sie im Anhang ab S. 144. Sie sollten sparsam eingesetzt werden, sonst verlieren sie ihren Aufforderungscharakter.
Die jeweiligen bildnerischen Probleme sind in den Zielsetzungen formuliert, ab und zu verraten auch schon die Motivstellungen, worauf es ankommt. Auf Beurteilungskriterien wurde bewusst verzichtet. Zum einen ist individuelle und gemeinschaftliche Rückmeldung wichtiger als Beurteilung.
Zum anderen sollten Sie für Ihre bestimmte Klassensituation, eventuell sogar mit Ihren Schülerinnen und Schülern, ein, zwei oder drei Beurteilungskriterien festlegen können. Vermeiden Sie ein „Nachschieben“ vorher nicht bekannt gemachter Beurteilungskriterien!

Auch Kunstunterricht soll Abwechslung bieten, deshalb enthält das Buch keine Vorschläge zur Unterrichtsgestaltung. Einmal kann am Anfang eine Motivationsgeschichte (Märchen, Geschichten aus Vergangenheit, Gegenwart und Zukunft usw.) stehen, dann ein Bild (Kunstwerk, Plakat, Poster, Folie, alte Schülerarbeit, Objekt), ein (bildnerisches) Problem, eine Technik, Materialien, ein Erkundungsgang, ein Fernseh- oder Filmerlebnis, eine Zirkusaufführung, ein Hochwasser oder Aspekte eines anderen Fachs.

GRAFIK	IN DAS BILD KOMMT BEWEGUNG	KLASSE 1-2

ZIELVORSTELLUNG

Ein Bild herstellen und anschließend mit grafischen Mitteln unterschiedliche Bewegungsspuren auf das Blatt bringen.

MATERIAL

- Zeichenblock DIN A3 bis DIN A4
- Holzfarbstifte, Kugelschreiber oder Filzstifte, eventuell auch Wachsstifte oder Ölkreiden

ARBEITSWEISE

1. Geschichten, Erlebnisse und Situationen dienen als Ausgangspunkte für unterschiedliche Vorkommnisse und Bewegungsvorgänge.
2. Zunächst soll die Bildsituation gezeichnet werden, dann werden in den einzelnen Bildteilen entsprechende Zeichen und Bewegungsspuren gefunden und eingezeichnet.
3. Die gefundenen Möglichkeiten sollten gesammelt, vorgestellt, miteinander verglichen und beurteilt werden.

ZEITAUFWAND

mindestens 30 Minuten

HINWEISE/TIPPS

- (Er)Finden einfacher Bewegungsspuren.
- Auch als Zusatzaufgabe zu verwenden.
- In Comics können vielfältige Möglichkeiten der Bewegungsdarstellung gefunden, gesammelt und präsentiert werden.

WERKBETRACHTUNG

- Schülerarbeiten
- ausgewählte Comicbeispiele

WOLLKNÄUELGEWIRR

ZIELVORSTELLUNG

Mit grafischen Mitteln unterschiedliche Bewegungsspuren auf das Blatt bringen.

MATERIAL

- Zeichenblock DIN A3
- farbige Ölkreiden oder Wachsmalstifte

ARBEITSWEISE

1. Katzen oder Kinder haben die Wollknäuel ganz oder nur teilweise abgerollt und total durcheinander gebracht.
2. Glücklicherweise sind einige Wollknäuel noch ganz geblieben.
3. Gezeichnet wird mit bunten Ölkreiden oder Wachsstiften auf ein DIN-A3-Format.

ZEITAUFWAND

mindestens 15 Minuten

HINWEISE/TIPPS

- Ölkreiden gleiten etwas besser als Wachsmalstifte.
- Erfahrungen mit Wollknäueln verbalisieren.
- Schnelle SchülerInnen können zusätzlich den/die Verursacher des Wollknäuelgewirrs einzeichnen.

WERKBETRACHTUNG

- Schülerarbeiten
- reales Wollknäuelgewirr und andere „verwickelte" Situationen

ZIELVORSTELLUNG

Die folgenden Angebote sind zunächst als Auswahlaufgaben gedacht, könnten aber auch als gemeinsame Arbeit im Klassenverband eingesetzt werden.
Ziel ist, mit grafischen Mitteln auf unterschiedliche Art zu zeichnen und verschiedene Bewegungsspuren auf ein Blatt zu bringen.

MATERIAL

- Papier, weiß und/oder farbig DIN A3 bis minimal A4
- Kopiervorlagen mit vorgegebener Rennstrecke, vom Lehrer selbst erstellt, eventuell Pappstücke, Klebstoff
- leichtgängige Zeichenstifte wie Kugelschreiber, weiche Bleistifte, Holzfarbstifte, Kreiden oder Filzstifte

ARBEITSWEISE

1. Die Aufgaben sind so konzipiert, dass jeweils eine kurze mündliche Erläuterung durch Sie genügt.
2. Als Rennstrecke dient die Kopiervorlage. Zuerst muss man die Rennstrecke ganz langsam „befahren“, damit man sie kennen lernt.
3. Dann geht es immer schneller. Es können Holzfarbstifte und Kugelschreiber mit verschiedenen Farben verwendet werden.
4. Die Strichrennstrecke ist für Links- und Rechtshänder geeignet. Auch mit der schwachen Hand kann man mehrmals „fahren“.

ZEITAUFWAND

mindestens 15 Minuten ohne eigene Konzeption einer Rennstrecke

HINWEISE/TIPPS

- Die SchülerInnen können selbst eine Rennstrecke entwerfen.
- Die Rennstrecke kann mit kleinen aufgeklebten Pappstücken gegen das „Herausschleudern“ gesichert werden.

WERKBETRACHTUNG

- Schülerarbeiten
- Rennstrecken unterschiedlicher Art (von oben gesehen)

GRAFIK	TOLLE SCHLITTSCHUHLÄUFER	KLASSE 1–2

ZIELVORSTELLUNG

Mit grafischen Mitteln unterschiedliche Bewegungsspuren auf das Blatt bringen. Dabei sollten möglichst zwei Zeichenstifte in einer Hand gehalten werden.

MATERIAL

- Zeichenblock DIN A3 – eventuell Kopiervorlage
- Holzfarbstifte, Kugelschreiber oder Filzstifte, eventuell auch dünne Wachsstifte oder Ölkreiden

ARBEITSWEISE

1. Als Zeichenfläche kann eine Kopiervorlage verwendet oder es können eigene Zeichnungen mit Wachsstiften im DIN-A3-Format (See, Flussstück, Eisstadion u. Ä.) hergestellt werden.
2. Die Eisfläche sollte möglichst von oben gesehen gezeichnet werden.
3. Die Bewegungsspuren werden weitgehend als Zweilinienzeichnung auf das Blatt gebracht.
4. Bei der Zweilinienzeichnung werden zwei Stifte gleichzeitig in einer Hand gehalten.

ZEITAUFWAND

mindestens 10 Minuten ohne Zeichnen der Landschaft/Umgebung

HINWEISE/TIPPS

- Demonstration einer Ein-, Zwei- und Mehrlinienzeichnung mit Kreide an der Tafel oder mit Folienstift am Tageslichtprojektor.
- Erfahrungen bei eigenem Schlittschuhlaufen verbalisieren.
- Erfahrungen beim Eiskunstlaufen im Fernsehen; Bewegungen und Figuren im Ansatz nachmachen.
- Eventuell Einsatz von Musik auch während des Zeichenvorgangs.
- Schlittschuhe verursachen Kratzer auf dem Eis, die Stifte Spuren auf der Bildfläche. Die Bildfläche soll zum Schluss voller „Schlittschuhspuren“ sein.

WERKBETRACHTUNG

- Schülerarbeiten
- Bewegungsspuren unterschiedlicher Art

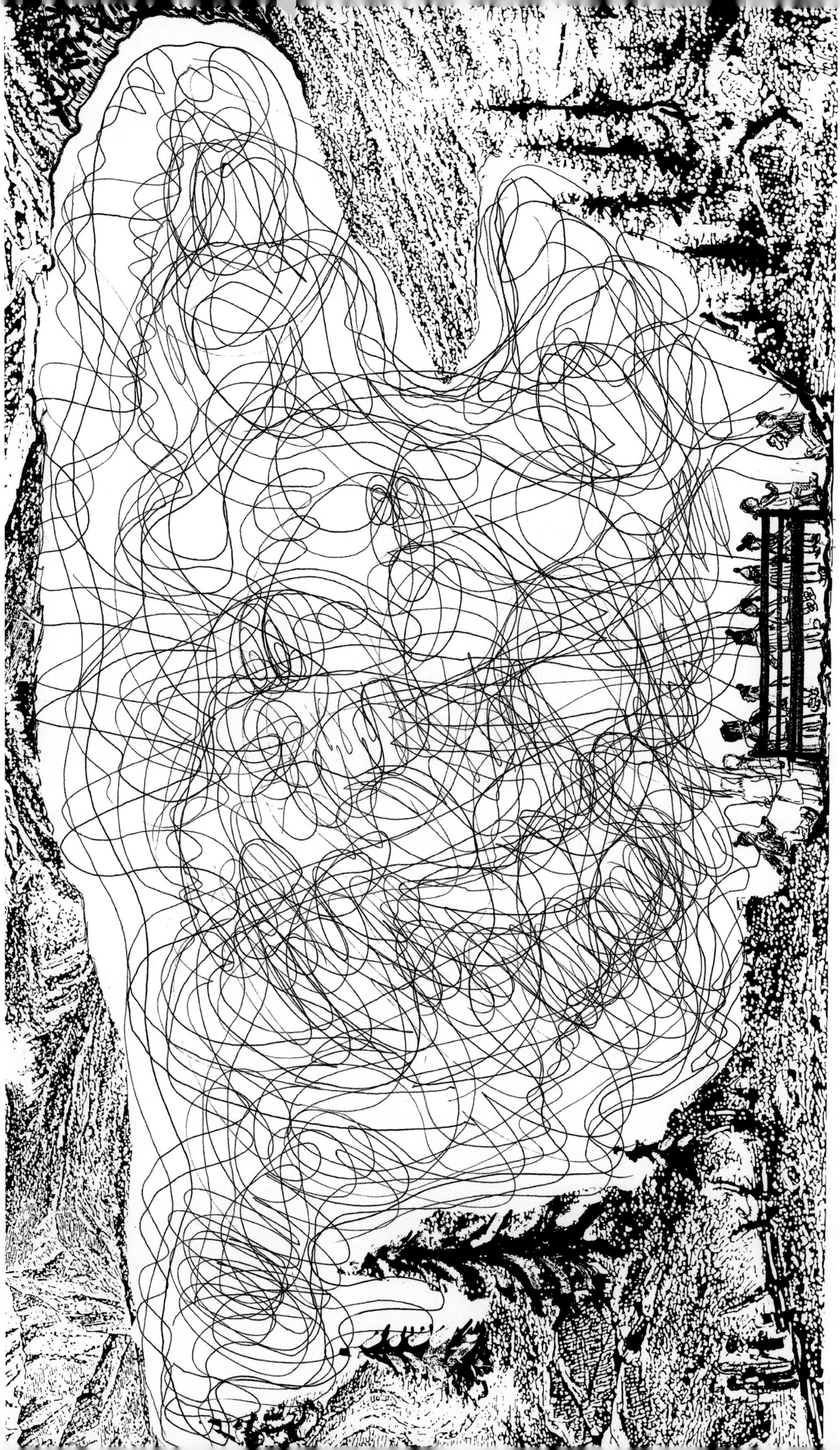

GRAFIK	EINE RIESENKRITZELEI	KLASSE 1–2

ZIELVORSTELLUNG

Die folgenden Angebote sind zunächst als Auswahlaufgaben gedacht, könnten aber auch als gemeinsame Arbeit im Klassenverband eingesetzt werden.
Ziel ist, mit grafischen Mitteln auf unterschiedliche Art zu zeichnen und verschiedene Bewegungsspuren auf ein Blatt zu bringen.

MATERIAL

- Papier, weiß und/oder farbig DIN A5 bis A3
- Klebstoff/Klebestift
- leichtgängige Zeichenstifte wie Kugelschreiber, weiche Bleistifte, Holzfarbstifte, Kreiden oder Filzstifte

ARBEITSWEISE

1. Die Aufgaben sind so konzipiert, dass jeweils eine kurze mündliche Erläuterung durch Sie genügt.
2. Unterschiedliche, feinmotorisch angelegte Kritzelspuren (Linien, Liniengefüge, Schraffuren) werden auf ein DIN-A4-Blatt gebracht.
3. Ein blauer oder schwarzer Kugelschreiber ist am besten geeignet.
4. Wenn das Kritzelbild fertig ist, wird es hinter die Bildvorlage gelegt, die Ausschnitte werden erprobt und anschließend aufgeklebt.
5. Die Bildvorlage dient als Rahmen und vermittelt den Eindruck eines Riesenwerks.

ZEITAUFWAND

mindestens 10 Minuten Kritzelphase

HINWEISE/TIPPS

- Sie schneiden jeweils die Binnenflächen einiger aufeinander gelegter kopierter Bildvorlagen mit Lineal und Cutter aus. So haben Sie in wenigen Minuten die Rahmen „geliefert“.
- In vielen Kritzeleien kann man Dinge/Figuren entdecken.
- Die Arbeit kann auch mit (unterschiedlicher) Musik begleitet werden.

WERKBETRACHTUNG

- Schülerarbeiten
- unterschiedliche Bewegungsspuren (Grafiken, Fotos, Objekte)

GRAFIK	EINE FAUCHENDE KATZE	KLASSE 1-4

ZIELVORSTELLUNG

Eine fauchende Katze soll Format füllend als differenziert dargestellte Einzelfigur entwickelt werden. Wichtige Körpermerkmale wie Katzenbuckel, Beinstellung, gesträubte Rückenhaare, Schwanzhaltung, funkelnde Augen, Musterung des Fells, Krallen usw. sollten bei der Darstellung berücksichtigt werden.

MATERIAL

- DIN-A3- oder DIN-A4-Blatt (Zeichenblock)
- Bleistift, Kugelschreiber oder Holzfarbstifte bei einem DIN-A4-Format (Klasse 3-4)
- Ölkreiden oder Wachsstifte bei einem DIN-A3-Format (Klasse 1-2)
- eventuell ein Probierblatt
- eventuell Abbildungen von Katzen

ARBEITSWEISE
(Einzelarbeit)

1. Beschreiben, Darstellen und Erproben der Körperhaltung (Pantomime).
2. Format füllendes Zeichnen der Katzenfigur, zunächst umrisshaft ohne starkes Aufdrücken des Zeichenstifts. Das ermöglicht spätere Korrekturen.
3. Weiteres Ausgestalten: Barthaare, Ohren, Schwanz, Musterung des Fells.

ZEITAUFWAND

mindestens 30 Minuten

HINWEISE/TIPPS

- Einsatz bzw. Erfinden einer Motivationsgeschichte.
- „Katzenerlebnisse“ verbalisieren.
- Erproben von Fellstrukturen und Fellmustern (strichelnde Zeichenweise).
- Übertragung in den Bereich Farbe möglich (Malen mit Borstenpinsel und Wasserfarben): Fauchende Katze vor knallroter Mauer.
- Wissenswertes über Katzen (Bücher, Lexika).
- Andere typische Körperhaltungen oder Verhaltensweisen bei Tieren: Hund zieht an der Leine, Hund macht Männchen, Pfau schlägt ein Rad usw.
- Weiterführung der Aufgabe durch die Darstellung einer Beziehung (Katzenmutter mit Jungen).

WERKBETRACHTUNG

- Schülerarbeiten
- Abbildungen aus Tierbüchern und Lexika
- Kunstbeispiel: Die Katze von Kasan (Neckar Verlag)

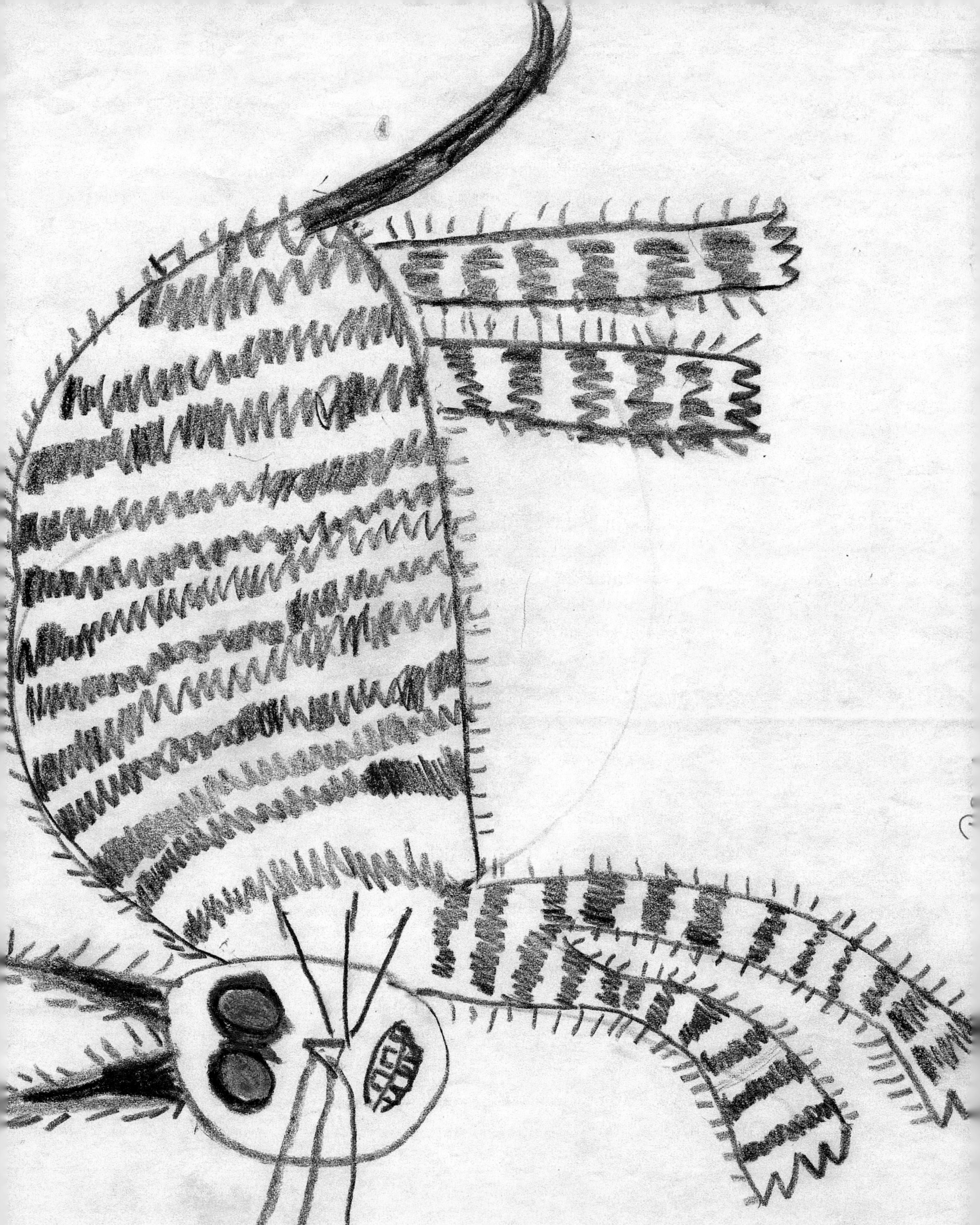

ZIELVORSTELLUNG	„Ist das nicht stark übertrieben?", könnte man sich bei manchen Erscheinungen fragen. SchülerInnen wissen meist, was noch normal und was zumindest stark übertrieben ist. Sie stellen mehrere kleine Bilder mit starken Übertreibungen her. Dabei können verschiedene Techniken angewandt werden.
MATERIAL	- Zeichenblock DIN A4 oder Kopiervorlage (S. 144) - Holzfarbstifte, Kugelschreiber, eventuell auch Filzstifte - eventuell kleine Bildausschnitte (Kataloge, Prospekte), Schere, Klebstoff/Klebestift - Bildbeispiele mit Übertreibungen (Illustrierte, Illustrationen aus Büchern, Kunstbeispiele)
ARBEITSWEISE (Einzelarbeit)	1. Erörtern von Übertreibungen vielfältiger Art. 2. Auswahl/Vorgabe eines Blattes/einer Kopiervorlage (S. 144) und der Herstellungstechnik/en (Schwarz-Weiß-Zeichnung, farbige Zeichnung, Montage und Zeichnung). 3. Bearbeiten einzelner Bilder mit unterschiedlichen Motiven.
ZEITAUFWAND	mindestens eine Unterrichtsstunde
HINWEISE/TIPPS	- Exemplarisches Erörtern völlig überzogener Dinge (Kraut- und Rüben-Hüte, „aufgemotzte", mit Zubehör überladene Fahrräder, Motorräder, Autos, Totaltätowierungen usw.). - In weiteren Aufgaben, als zeitlich begrenzte Differenzierungsarbeit oder als freiarbeitsorientierte Thematik können andere Varianten auch in unterschiedlichen Techniken (s. o.) bearbeitet werden.
WERKBETRACHTUNG	- Schülerarbeiten - Zeitungs- und Illustriertenfotos - Kunstbeispiel: Paul Weber: Die Exclusiven

* *Zu diesem Kapitel finden Sie eine Kopiervorlage auf Seite 144*

GRAFIK	FEUER SPEIENDER DRACHE	KLASSE 1–4

ZIELVORSTELLUNG

Eine fantastische Figur soll Format füllend als differenziert dargestellte Einzelfigur entwickelt werden. Wichtige Merkmale wie Körperform, Körperhaltung, Haut-, Panzer- oder Fellstrukturen usw. sollten bei der Darstellung berücksichtigt werden.

MATERIAL

- DIN-A3- oder DIN-A4-Blatt (Zeichenblock)
- Bleistift, Kugelschreiber oder Holzfarbstifte bei einem DIN-A4-Format (Klasse 3–4)
- Ölkreiden oder Wachsstifte bei einem DIN-A3-Format (Klasse 1–2)
- alternativ: Zeichnen und Malen auf leicht eingekleistertes Papier mit schwarzen Dispersions- und Wasserfarben
- eventuell Abbildungen von fantastischen Tieren

ARBEITSWEISE
(Einzelarbeit)

1. Bildbetrachtung/Wahrnehmungsübung (z. B. Der heilige Georg kämpft mit dem Drachen).
2. Format füllendes Zeichnen der Fantasiefigur, zunächst umrisshaft ohne starkes Aufdrücken des Zeichenstifts. Das ermöglicht spätere Korrekturen.
3. Weiteres Ausgestalten: Flügel, Hautmusterungen, Flügel (Musterungen), Feuer speien usw.

ZEITAUFWAND

mindestens 30 Minuten

HINWEISE/TIPPS

- Einsatz bzw. Erfinden einer Motivationsgeschichte und/oder eines Bildes, einer Illustration.
- Weitere Fantasietiere aus Märchen und Sagen.
- Erproben von Haut-, Panzer- und Fellstrukturen (siehe auch Dürer: Rhinozeros).
- Übertragung in den Bereich Farbe möglich (Malen mit Borstenpinsel und Wasserfarben): Feuer speiender Drache kommt aus seiner dunklen Höhle.
- Weiterführung der Aufgabe durch Darstellung von Beziehungen: Der tapfere Ritter kämpft gegen den Drachen, Kampf der Riesendrachen.

WERKBETRACHTUNG

- Schülerarbeiten
- Illustrationen aus Märchen- und Sagenbüchern
- Kunstbeispiel:
  Paolo Ucello: Drachenkampf des heiligen Georg (Neckar Verlag)

GRAFIK	SUPERSPORTLER/IN	KLASSE 1-4

ZIELVORSTELLUNG	Eine Sportlerin oder ein Sportler soll Format füllend als differenziert dargestellte Einzelfigur entwickelt werden. Wichtige Merkmale wie Körperstatur, Körperhaltung, Trikots, Sportgerät und Mimik sollten bei der Darstellung berücksichtigt werden.
MATERIAL	- DIN-A3-, DIN-A4- oder DIN-A5-Blatt - Bleistift, Kugelschreiber oder Holzfarbstifte bei einem DIN-A4-Format (Klasse 3-4) - Ölkreiden oder Wachsstifte bei einem DIN-A3-Format (Klasse 1-2) - eventuell Abbildungen von Sportlern in Aktion, Sportlerporträts
ARBEITSWEISE (Einzelarbeit)	1. Beschreiben, (pantomimisches) Darstellen und Erproben des (typischen) Aussehens und unterschiedlicher Sportdisziplinen. 2. Pantomimisches Raten von typischen Sportarten. 3. Skizzieren/Darstellung der Figur in Aktion. 4. Weiteres Ausgestalten, vor allem Trikot, Mimik, Sportgerät.
ZEITAUFWAND	mindestens 30 Minuten
HINWEISE/TIPPS	- Erweiterung/Fortsetzungsaufgabe: Beziehungen darstellen, z. B. Fechtkampf, Ringkampf, knapp über die Hochsprunglatte, TurnerIn am Reck, Zweikampf beim Fußball. - Pantomimisches Darstellen und Erraten von Sportarten. - Erfahrungen mit unterschiedlichen Sportarten, auch außergewöhnliche Sportarten wie Sumo-Ringen, Freeclimbing usw. - Übertragung in den Bereich Farbe möglich (Malen mit Borstenpinsel und Wasserfarben): Freeclimber in der Kunstfelswand, Sumo-Ringer in den Sand geworfen. - Wissenswertes, Positives und Negatives über SpitzensportlerInnen.
WERKBETRACHTUNG	- Schülerarbeiten - künstlerische Sportfotografie, Kunstbeispiele aus dem Sportbereich

ZIELVORSTELLUNG	Ein besonderes Schiff oder Boot (Piratenschiff, Windjammer, Unterseeboot, Hausboot usw.) soll Format füllend als differenziert dargestellte Einzelfigur entwickelt werden. Wichtige Merkmale wie Form des Schiffsrumpfes, Aufbauten, Schornstein, Segel, Flaggen, Takelagen usw. sollen bei der Darstellung berücksichtigt werden.
MATERIAL	- DIN-A3- oder DIN-A4-Blatt (Zeichenblock) - Bleistift, Kugelschreiber oder Holzfarbstifte bei einem DIN-A4-Format (Klasse 3–4) - Ölkreiden oder Wachsstifte bei einem DIN-A3-Format (Klasse 1–2) - alternativ: Zeichnen, Malen mit hellen Farben auf dunkles Tonpapier, eventuell Aufkleben von Bildteilen - Abbildungen von Schiffen und Booten unterschiedlicher Art
ARBEITSWEISE (Einzelarbeit)	1. Schülerberichte, Beispielsammlung und evtl. Skizzen an der Tafel, Bildbetrachtungen. 2. Format füllendes Zeichnen eines ausgewählten Schiffes oder Bootes, zunächst umrisshaft ohne starkes Aufdrücken des Zeichenstifts. Das ermöglicht spätere Korrekturen. 3. Weiteres Ausgestalten: Aufbauten (Kommandobrücke, Aussichtsturm, Masten und Segel, Kran, Kabinen usw.), Schornstein, Anker, Flaggen, Seile, Abzeichen, Aufschriften.
ZEITAUFWAND	mindestens eine Unterrichtsstunde
HINWEISE/TIPPS	- Vielfalt von Schiffen und Booten, Anpassung an unterschiedliche Funktionen, (technische) Entwicklungen im Laufe der Zeit. - Mittelfristig Beispielsammlung anlegen. - Geschichten über Schiffe und mit Schiffen. - Übertragung in den Bereich Farbe möglich (Malen mit Borstenpinsel und Wasserfarben): Traumschiff in der Südsee, Yellow Submarine im Unterwassergarten. - Weiterführung der Aufgabe durch Darstellung von Ordnungs- und Gruppierungsformen: Schiffsparade, Segelregatta, im Hafen, Schiffsanlegeplatz von oben gesehen.
WERKBETRACHTUNG	- Schülerarbeiten - Illustrationen, Kalenderbilder, Lexika - Kunstbeispiele: Arbeiten von Simon Dittrich

GRAFIK	TIERE UNTER SICH	KLASSE 1-4

ZIELVORSTELLUNG

Tiere gleicher oder unterschiedlicher Art können auf vielfältige Weise miteinander in Beziehung treten. Aus der Fülle solcher Beziehungen soll eine Beziehung ausgewählt und zeichnerisch umgesetzt werden.

MATERIAL

- DIN-A4- oder DIN-A3-Format
- farbige Holzfarbstifte, Kugelschreiber, eventuell auch Filzstifte bei DIN-A4-Format, Wachsstifte, Ölkreiden oder Borstenpinsel und schwarze Flüssigfarbe bei DIN-A3-Format
- Bildbeispiele aus Kunst und Umwelt

ARBEITSWEISE
(Einzelarbeit)

1. Erlebte u. a. Tierbeziehungen nennen, eventuell kurz erörtern und an der Tafel festhalten.
2. Auswahl/Vorgabe des Formats und der Zeichentechnik.
3. Auswahl oder Vorgabe einer Tierbeziehung.
4. Herstellung einer Schwarz-Weiß- oder einer farbigen Zeichnung.
5. Bildbetrachtung (Schülerarbeiten, Kunstbeispiele).

ZEITAUFWAND

mindestens 30 Minuten

HINWEISE/TIPPS

- Eventuell kurzes pantomimisches Spiel zur Demonstration der Beziehung (z. B. Katze schleicht sich an und will einen Vogel fangen).
- Exemplarisches Erörtern einer typischen Szene bzw. eines aufregenden, eindeutigen, besonderen Augenblicks (Schnappschuss, Momentaufnahme).
- In weiteren Aufgaben können andere Beziehungen wie zum Beispiel Tier - Gegenstand (Armer Kettenhund, Seehund balanciert Ball, Katze spielt mit Wollknäueln), Tier - Mensch (Pferd und Reiter, Bello zieht an der Leine, ein Fisch an der Angel), Tier - Umgebung (Bär auf dem Klettergerüst, Vogel baut ein Nest, Schnecke überwindet ein Hindernis) umgesetzt werden.

WERKBETRACHTUNG

- Schülerarbeiten
- Tierfotos (Illustrierte, Naturkundebücher, Lexika) und Dias
- Kunstbeispiele:
  Picasso: Katze fängt einen Vogel
  Picasso: Stierkampf (Neckar Verlag)
  Von Menzel: Der Bärenzwinger (Neckar Verlag)

Von Menzel: Der Bärenzwinger

BLIND ZEICHNEN

ZIELVORSTELLUNG

Unter Ausschaltung des wichtigsten Sinnes im Bereich der optischen Wahrnehmung soll etwas gezeichnet werden. Je mehr Anhängsel und Details einer Form, einer Figur oder eines Beziehungsgefüges gezeichnet werden müssen, desto schwieriger wird es, desto mehr „Fehlerquellen“ treten auf. Eine wichtige Erfahrung für Ihre SchülerInnen.

MATERIAL

- Zeichengeräte (Bleistift, Kugelschreiber, Filzstifte)
- Schreibmaschinenpapier, „Schmierpapier“ mit kleineren Formaten
- eventuell Motivvorgaben in Textform

ARBEITSWEISE

1. Auswahl bzw. Vorgabe eines Motivs oder eigenständige Wahl eines Motivs.
2. Zeichnerische Umsetzung bei geschlossenen oder verbundenen Augen.
3. Betrachten eigener und fremder Arbeiten.

ZEITAUFWAND

maximal 5 Minuten für eine Zeichnung

HINWEISE/TIPPS

- Die Aufgabe eignet sich als kleine Abwechslung für zwischendurch.
- Für jüngere SchülerInnen hat sich eine verbale Anleitung bewährt (z. B.: Zuerst zeichnet ihr den Spinnenkörper; dann bekommt die Spinne einen Kopf mit zwei Beiß-Zangen; eine Spinne hat 8 Beine; weil es eine Kreuzspinne ist, zeichnet ihr ein Kreuz auf den Körper…).
- Lustige Ergebnisse erhält man, wenn man bei der verbalen Aufgabenstellung die zu zeichnenden Positionen häufig wechselt (Haus als Rechteck oder Quadrat - Dach - Haustüre - Schornstein - vier Fenster - Qualm aus dem Schornstein).
- Aus Motivationsgründen maximal drei bis vier kleine Arbeiten hintereinander anbieten.
- Ältere SchülerInnen können auch Themen oder Zeichenabfolgen aus einem „Aufgabenkatalog“ auswählen oder sich selbst Zeichenaufgaben stellen.

WERKBETRACHTUNG

- vorwiegend eigene Arbeiten, aber auch Zeichnungen von MitschülerInnen

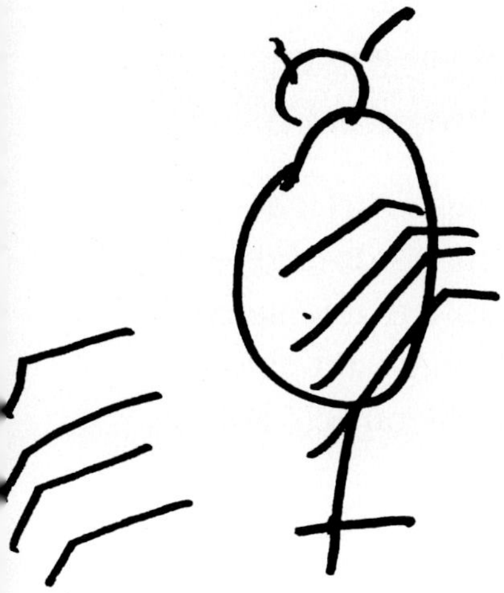

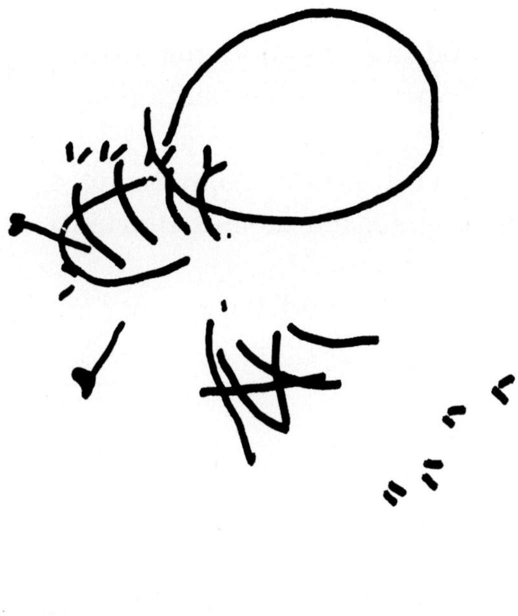

GRAFIK/FARBE	TIERE UND ANDERES DRUCKEN	KLASSE 1–4

ZIELVORSTELLUNG	Eigene Herstellung eines Druckstocks. Durch mehrfaches Abdrücken entstehen Situationen bzw. besondere Ordnungs- und Gruppierungsformen. Die Druckergebnisse können zeichnerisch oder malerisch ergänzt werden. Es könnte aber auch auf eine alte oder speziell für diesen Zweck hergestellte Schülerarbeit, auf ein Foto, ein Illustriertenbild o. Ä. gedruckt werden.
MATERIAL	- kleineres Moosgummistück - dünne Pappstücke oder vorgefertigte Flachholzfigürchen - Bleistift, Kugelschreiber, Schere - Klebstoff und/oder kleine Stücke doppelseitiges Klebeband - kleine Holzklötzchen o. Ä. als Stempelgriff - Wasserfarben, Borstenpinsel oder Stempelkissen
ARBEITSWEISE (Einzelarbeit)	1. Auf das Pappstück die gewünschte Figur/Form mit Bleistift aufzeichnen und ausschneiden oder aus einem Fundus gewünschtes Figürchen auswählen. 2. Diese Schablone Material sparend auf das Moosgummistück legen, den Umriss mit Kugelschreiber umfahren und die Figur ausschneiden. 3. Die Moosgummifigur wird mit Klebstoff oder doppelseitigem Klebeband zum besseren Drucken auf ein kleines Holzklötzchen geklebt. 5. Einfärben des Druckstocks mit Farben und Pinsel oder mit einem Stempelkissen.
ZEITAUFWAND	circa eine Unterrichtsstunde
HINWEISE/TIPPS	- Gute ZeichnerInnen können auch direkt auf das Moosgummistück zeichnen. - Wird die Druckfläche mit gut gesättigter Farbe eingepinselt, sind zwei bis drei Abdrucke möglich. - Die Motive/Themen können vorgegeben oder selbst gewählt werden. Bei Verwendung von nur einem Druckstock eignen sich v. a. unterschiedliche Ordnungs- und Gruppierungsformen wie Tierherden, Menschenansammlungen, Pflanzenkolonien. - Druckstöcke können aber auch ausgetauscht werden; so entstehen andere Situationen und Beziehungen. - Es sind einfarbige und mehrfarbige Abdrucke möglich. - Die Druckergebnisse können grafisch ergänzt werden (zum Beispiel Futterstelle oder Badeplatz für Tiere). - Es kann auch (zusätzlich) auf ein Bild, ein Foto o. Ä. gedruckt werden.
WERKBETRACHTUNG	- Schülerarbeiten

ZIELVORSTELLUNG

Durch das Zeichnen mit der Maus und „PC-Stiften“ entstehen oft eigenartige, etwas zackig und ungelenk erscheinende Zeichnungen mit einem eigenen Reiz. Durch Linien geschlossene/begrenzte Binnenflächen können mit unterschiedlichen grafischen Mustern gefüllt werden.

MATERIAL

- PC, Schwarz-Weiß- oder Farbdrucker, einfaches Mal- oder Zeichenprogramm auf CD-ROM, bedienbar ab dem 6. Lebensjahr
- Druckerpapier, weiß oder leicht getönt

ARBEITSWEISE
(Einzelarbeit)

1. Starten des Programms.
2. Zeichnen einer bzw. mehrerer Figuren (auch mit unterschiedlich dicken „PC-Stiften“).
3. Durch Anklicken bestimmter Muster können diese auf Teilflächen des Bildes übertragen werden.
4. Ausdrucken.

ZEITAUFWAND

mindestens 15 Minuten pro Bild

HINWEISE/TIPPS

- Erproben der wichtigsten Funktionen wie zum Beispiel Zeichnen (Stift), Sprühen (Sprühdose), Malen/Klecksen (Pinsel), Ausfüllen von Binnenflächen mit Rastern und Strukturen.
- Grafisches Ausgestalten/Weiterführen von gewählten Bildvorlagen (aus dem Mal- und Zeichenbuch).

WERKBETRACHTUNG

- Schülerarbeiten

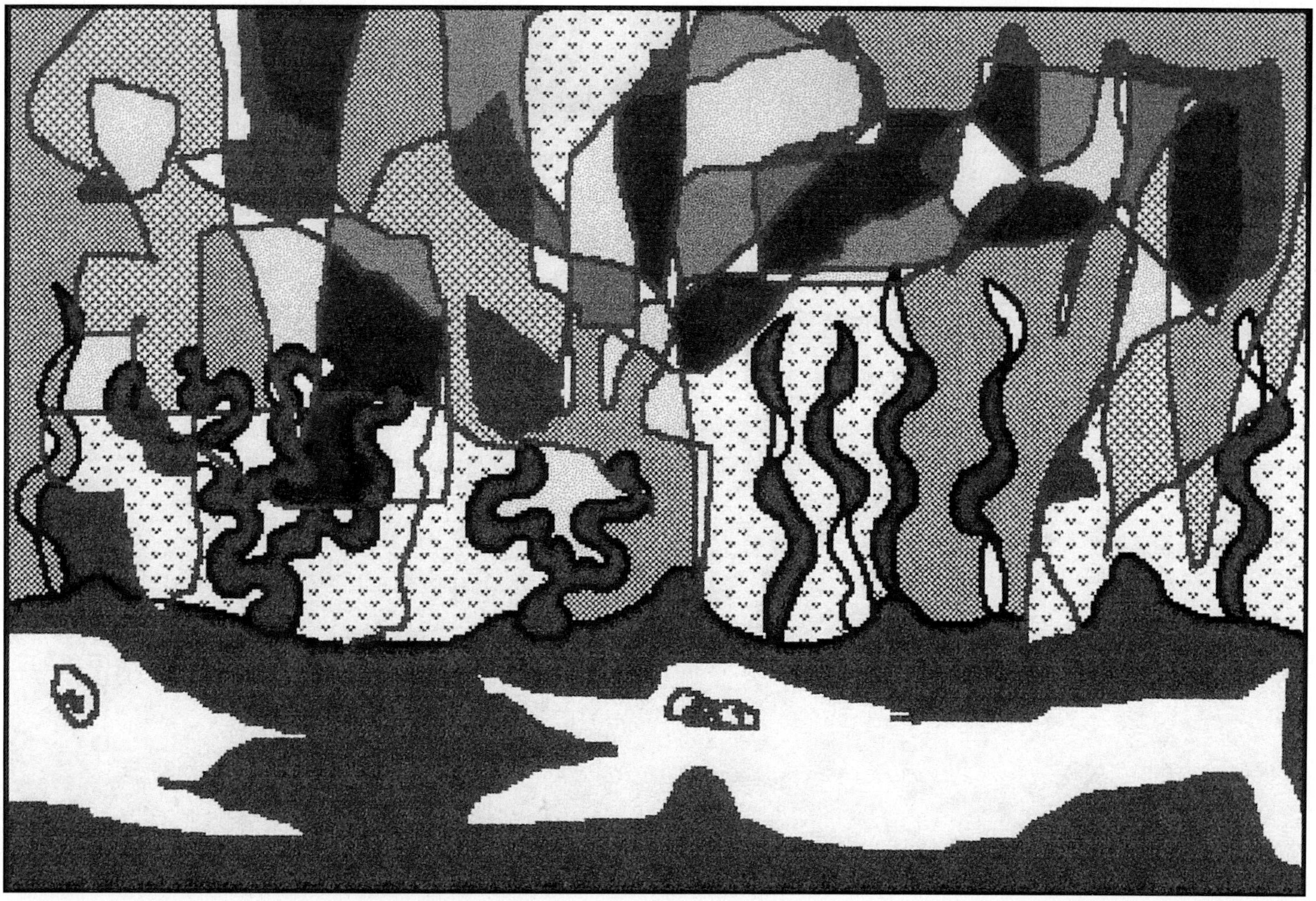

GRAFIK | MONSTERAUTO MIT RIESENRÄDERN | KLASSE 1–4

ZIELVORSTELLUNG

Aus einzelnen Fahrzeugteilen wird ein Gefährt zeichnerisch „gebaut“, das vor allem durch seine Riesenräder auffällt. Auch viele andere technische Details wie Auspuffrohre, Federungen, Stoßstangen, Antennen und/oder Außenspiegel können eingezeichnet werden. Das Fahrzeug soll möglichst Format füllend angelegt sein.

MATERIAL

- Abbildungen von Monsterautos (Spielzeugkataloge, Prospekte, Plakate)
- DIN-A4-Blatt (Querformat) und Holzfarbstifte DIN-A3-Blatt und Wachsstifte oder Ölkreiden

ARBEITSWEISE
(Einzelarbeit)

1. Am besten wird mit den Riesenrädern begonnen und dann die Karosserie aufgesetzt.
2. Zur Endausstattung gehören alle nur erdenklichen technischen Dinge.

ZEITAUFWAND

mindestens 20 Minuten

HINWEISE/TIPPS

- Sie sollten zunächst „ohne erhobenen Zeigefinger“ Interesse an neueren Spielzeugtrends zeigen und sich während der Einzelarbeit auch einmal nach individuellen Spielzeugvorlieben erkundigen und auch „Spezialisten“ zu Wort und es eventuell zu einer Präsentation/Vorstellung kommen lassen.
- Sie können natürlich auch andere Motive zulassen. Die Besonderheiten der gewählten Dinge sollten aber grafisch besonders hervorgehoben werden können. Dafür eignet sich nicht jedes Spielzeug.
- Spielzeug im Vergleich, Spielsachen von Kindern anderer Länder.

WERKBETRACHTUNG

- Schülerarbeiten
- Abbildungen aus Spielzeugkatalogen und Prospekten
- mitgebrachtes Spielzeug

EINLINIENZEICHNUNG

ZIELVORSTELLUNG

Eine Figur, mehrere Figuren oder eine einfache Situation sollen mit einer Linie, möglichst ohne abzusetzen, gezeichnet werden.

MATERIAL

- Bleistift, Holzfarbstifte, Kugelschreiber oder Filzstifte
- Schreibmaschinenpapier ca. DIN A5 bis DIN A4
- Bild- oder Textvorlagen

ARBEITSWEISE

1. Die Motive werden von Ihren SchülerInnen selbst gewählt oder mit Hilfe von Bild- und Textvorlagen vorgegeben.
2. Die SchülerInnen beginnen an einer selbst gewählten Stelle und zeichnen mit einer Linie.
3. Bei unverzichtbaren Details (z. B. Augen) darf ausnahmsweise neu angesetzt werden.

ZEITAUFWAND

mindestens 2 Minuten für eine Zeichnung

HINWEISE/TIPPS

- Bei Profilansichten Altersstufe beachten! Erst- und Zweitklässler könnten noch Probleme damit haben.
- Von Einzelfiguren zu Beziehungen, Figurengruppen und zur Einbeziehung der Umgebung.

WERKBETRACHTUNG

- Schülerarbeiten
- Einlinienzeichnungen von Saul Steinberg und Paul Klee

Klee: Monolog des Kätzchens

GRAFIK	MAL GUT, MAL SCHLECHT ZU SEHEN	KLASSE 1–4

ZIELVORSTELLUNG

Durch Erproben von Figur-Grund-Beziehungen sollen unterschiedliche Wirkungen erkannt und dokumentiert werden. Die Figur soll, auf ihre Umgebung (den Bildgrund) bezogen, gut oder nur schwer zu erkennen sein.

MATERIAL

- Bildgrund: (collagierte) Schwarz-Weiß-Abbildungen
- Figuren: Kopiervorlagen oder zum Teil selbst mitgebrachte oder selbst hergestellte Figuren
- Schere, Klebstoff/Klebestift
- Bleistift, schwarzer Holzfarbstift oder Kugelschreiber

ARBEITSWEISE

1. Die vorgegebenen Figuren werden möglichst sorgfältig ausgeschnitten und eventuell stellenweise überzeichnet.
2. Die ausgeschnittenen Figuren werden auf dem Bildgrund angeordnet und die verschiedenen Wirkungen (sie sind gut zu sehen, sie fallen noch auf, man kann sie kaum mehr erkennen) erprobt.
3. Die Figuren werden so aufgeklebt, dass manche gut, manche fast nicht zu erkennen sind.

ZEITAUFWAND

mindestens 30 Minuten

HINWEISE/TIPPS

- Je nach Altersstufe Tiere, Menschen, Gegenstände, Pflanzen Häuser, Möbel usw.
- Längerfristiges Sammeln von grafischen Abbildungen und Schwarz-Weiß-Bildern aus Prospekten, Zeitungen und Illustrierten.
- Eventuell Einrichten einer Material- und Tauschtheke.

WERKBETRACHTUNG

- Schülerarbeiten
- Kunstbeispiele, zum Beispiel Grafiken:
  Dürer: Rhinozeros (Neckar Verlag)
  Picasso: Minotaurus (Neckar Verlag)

GRAFIK	MUSTER, MUSTER, MUSTER*	KLASSE 1–4

ZIELVORSTELLUNG

Auf der Grundlage geeigneter Abbildungen sollen unterschiedlichste Muster nachgeahmt, variiert, verändert und neue Möglichkeiten gefunden werden.

MATERIAL

- DIN-A4-Blätter, Blätter mit Einteilungen (quadratische Kästchen, Rechtecke, Linien usw.)
- Kopiervorlage (S. 145) oder selbst gefundene Bildvorlagen
- schwarzer Kugelschreiber, Filzstifte, Holzfarbstifte

ARBEITSWEISE (Einzelarbeit)

1. Ein Motiv zeichnen und grafisch ausgestalten, eine Bildvorlage auswählen und grafisch ausgestalten oder eine vorgegebene Bildvorlage grafisch ausgestalten.
2. Es sollte Wert auf eine möglichst sorgfältige Arbeitsweise gelegt werden.

ZEITAUFWAND

mindestens 20 Minuten, je nach Motiv und Vorlage

HINWEISE/TIPPS

- Diese Arbeit kann sowohl im Klassenverband als auch als zeitlich begrenzte Differenzierungsarbeit oder als Teil einer freiarbeitlich orientierten Unterrichtsphase genutzt werden.
- Geometrische Grunderfahrungen – Auslegen/Ausgestalten von Flächen (Mathematik).
- Anlegen einer Mustersammlung (Schülerarbeiten und Bildbeispiele aus unterschiedlichen Medien, Materialbeispiele).
- Unterscheiden zwischen regelmäßigen und unregelmäßigen Mustern, spiegelbildlichen und nicht spiegelbildlichen Mustern u. a. Kriterien.
- Eignung von Mustern für bestimmte Gegenstände/Produkte.

WERKBETRACHTUNG

- Schülerarbeiten
- konkrete Gegenstände (Handtuch, Decke, Teppich, Kleidung, Stoffe, Spielbretter, PC-Raster usw.)
- Kunstbeispiele: Ornamente, Friese, Mosaiken, Beispiele aus der Kunstrichtung „pattern painting“

Muster-Design

* *Zu diesem Kapitel finden Sie eine Kopiervorlage auf Seite 145*

GRAFIK	PINSELZEICHNUNG	KLASSE 1-4

ZIELVORSTELLUNG

Mit einem Pinsel wird anders gezeichnet als mit einem Bleistift oder einem vergleichbaren Zeichenstift. Es wird nicht so stark aufgedrückt, es muss großzügiger und großformatiger gearbeitet werden und es entstehen zum Teil unvorhersehbare, unbeabsichtigte Wirkungen.

MATERIAL

- Borstenpinsel oder Haarpinsel
- schwarze Wasserfarbe, verdünnte Dispersionsfarbe oder Tusche
- Blattformat DIN A3 bis DIN A4; es kann, je nach Altersstufe, weißes Papier, getöntes Papier, Packpapier, Geschenkpapier, Tapete oder Regenbogenbuntpapier verwendet werden

ARBEITSWEISE
(Einzelarbeit)

1. Zeichnerisches Malen/malerisches Zeichnen mit dem Pinsel.
2. Eventuell Aufspritzen von Farbe.

ZEITAUFWAND

mindestens 10 Minuten

HINWEISE/TIPPS

- Mit einer Pinselzeichnung wird in kürzester Zeit ein Ergebnis sichtbar. Noch schneller geht es mit schwarzer Flüssigfarbe oder Tusche, denn es muss keine Farbe aus dem Farbkasten aufgenommen werden.
- Die Aufgabe/Technik eignet sich für den normalen Unterricht im Klassenverband, für zeitlich begrenzte (Differenzierungs)-Aufgaben und für Motiv-Themenstellungen aus dem Bereich der Freiarbeit.
- Motivstellungen können selbst gewählt oder vorgegeben werden. Sie können sich nach den grundlegenden gestalterischen Grundprinzipien richten. Für eine Einzelfigur (z. B. von einer stählernen Brückenkonstruktion bis zu einer Märchen- oder Sagenfigur), für eine Beziehung (z. B. Drachenkampf oder Seilziehen), für eine Gruppierung (z. B. Hundemeute, Vogelschwarm oder Korb mit Früchten).

WERKBETRACHTUNG

- Schülerarbeiten
- Picasso: Stierkampf (Neckar Verlag)

Picasso: Stierkampf

TAPETENBILDER

ZIELVORSTELLUNG

Viele Tapetenreste sind zum Wegwerfen zu schade, denn sie können als Zeichen- oder Malgrund beste Dienste leisten und zum Hineinzeichnen oder Bemalen besonders anreizen. Die „Angst vor einem weißen Blatt" entfällt, denn die Tapete bietet mit ihren Abbildungen Anhaltspunkte für mögliche Weiterführungen.

MATERIAL

- Tapetenstücke circa im DIN-A3-Format oder etwas kleiner (aus Restrollen oder ausgedienten Tapetenmusterbüchern); die Tapetenstücke sollten erstens geeignete Motive und zweitens „Lücken" besitzen, die ein Hineinzeichnen beziehungsweise ein Hineinkleben oder Hineinmalen zulassen
- Holzfarbstifte, dünne Wachsstifte/Ölkreiden, eventuell auch Filzstifte, Bildmaterial, Schere und Klebstoff, Deckfarben und Borsten- oder Haarpinsel

ARBEITSWEISE
(Einzelarbeit)

1. Auswahl einer Tapetenvorlage.
2. Hineinzeichnen.
3. Bei Bedarf hineinkleben, bemalen, übermalen.

Tipp: Je nach Tapetenbildvorlage können neben unterschiedlichen Motiven auch unterschiedliche bildnerische Probleme bearbeitet werden: Beziehungen können sichtbar gemacht, etwas kann hervorgehoben oder versteckt, Bildelemente können einer Situation entsprechend gruppiert werden.

ZEITAUFWAND

mindestens 30 Minuten

HINWEISE/TIPPS

- Sie sollten sich im Laufe der Zeit eine Sammlung ausrangierter Tapetenmusterbücher und kostenloser Restrollen zulegen.
- Die Aufgaben können auch als zeitlich begrenzte Differenzierungsaufgaben oder als freiarbeitsorientierte Aufgaben eingesetzt werden.
- Besonders gut geeignet sind in der Regel Tapeten mit Blatt- und Blütenformen.

WERKBETRACHTUNG

- Schülerarbeiten

ZIELVORSTELLUNG	In der Regel werden in der Grundschule Kunstwerke nicht isoliert betrachtet, sondern auch in irgendwelche praktische Tätigkeiten einbezogen. In diesem Fall wird ganz konkret mit einer Kopie eines Kunstwerkes gearbeitet. Dabei kann vieles verändert werden. So kann mit der Schwarz-Weiß-Kopie nur schwarz oder auch farbig weitergearbeitet werden. Es können Dinge hineingezeichnet, Teile überklebt oder übermalt werden.
MATERIAL	- Kopie eines Kunstdrucks im DIN-A3- oder DIN-A4-Format - Buntstifte, farbige Wachsstifte oder Ölkreiden und/oder Filzstifte, Bleistift, Kugelschreiber, Tusche/Stäbchen - Collageteile aus Zeitschriften, Katalogen usw. - Schere und Klebstoff/Klebestift
ARBEITSWEISE	1. Am besten werden nach den gemeinsamen Bildbetrachtungen/Wahrnehmungsübungen im Klassenverband, in Gruppen oder auch individuell Veränderungsmöglichkeiten überlegt und erörtert. 2. Je nach Intention der Veränderung werden die Materialien und Techniken ausgewählt. Kombinationen unterschiedlicher Techniken und Materialien sind möglich. 3. Die Veränderung (Übermalen, Überkleben, Hineinzeichnen usw.) wird praktisch umgesetzt.
ZEITAUFWAND	mindestens 30 Minuten
HINWEISE/TIPPS	- Es sollten Vorlagen gewählt werden, die möglichst einen hohen Aufforderungsgrad für Ergänzungen oder Veränderungen aufweisen oder durch Veränderungen und Ergänzungen unterschiedlich interpretiert werden können. - Diese Arbeiten können im Klassenverband als Differenzierungsaufgaben oder als freiarbeitlich orientierte Problemstellungen eingesetzt werden.
WERKBETRACHTUNG	- Schülerarbeiten - Veränderungsprozesse in der Kunst (Montagen, Collagen, Rollagen); Bildvergleiche zum Beispiel: Munch - Erro, Dürer - Kolar, Leonardo - Leger u. a.

KIN-
DER
MAL
AKT-
ION

GRAFIK | KLEISTERBILD IN SCHWARZ UND WEISS | KLASSE 1-4

ZIELVORSTELLUNG

Kennenlernen einer Zeichen- und Maltechnik mit besonderen Bedingungen. Auf einen mit Tapetenkleister eingepinselten Bildgrund wird Farbe aufgetragen. Durch den Einsatz unterschiedlicher Zeichenwerkzeuge werden unterschiedliche Spuren sichtbar. Die Motive können sehr unterschiedlich gewählt werden.

MATERIAL

- Malblock DIN A3 oder weißer fester Karton
- angerührter Tapetenkleister, Malerpinsel
- schwarze Wasserfarbe oder Dispersionsfarbe
- Borstenpinsel, Pappstreifen o. Ä., Lappen

ARBEITSWEISE (Einzelarbeit)

1. Das Blatt dünn mit Tapetenkleister einstreichen.
2. Etwas Farbe mit dem Pinsel aufnehmen oder jeweils etwas Farbe auftropfen.
3. Zeichnerisches „Vermalen“ (eine oder mehrere Figuren, Landschaft, Wolken, Meer, Wind o. Ä.).
4. Weitere Zeichenspuren werden mit dem Pinselstiel, einem Hölzchen oder mit kleinen Pappstreifen eingebracht.

ZEITAUFWAND

mindestens 20 Minuten

HINWEISE/TIPPS

- Die Machart lässt vielfältige Motive zu. Zunächst sollten aber die technischen Möglichkeiten erprobt und erkundet werden.
- Die Technik eignet sich besonders für Bewegungsspuren (Bewegung/en sichtbar machen) unterschiedlicher Art sowie für die Figur-Grund-Problematik.
- Im Laufe des Bearbeitungsprozesses wird das Malpapier immer weicher und welliger. Für Experimente sollte man besser weißen Karton (Schuhschachteldeckel u. Ä.) verwenden.
- Bildblatt zum Trocknen nicht aus dem Block reißen!

WERKBETRACHTUNG

- Schülerarbeiten

BUNGEE-SPRINGER

ZIELVORSTELLUNG

Herstellen eines Beziehungsgefüges zwischen einem/r Bungee-Springer/in (Springen an einem elastischen Seil, festgebunden aus großer Höhe in die Tiefe), Seil und Absprung (Brücke, Kran, Turm oder Hochhaus).

MATERIAL/WERKZEUG

- Schreibmaschinenpapier (DIN-A4-Format), Bleistift, eventuell Radiergummi
- schwarze Holzfarbstifte, Kugelschreiber oder Filzstifte
- OHP/Folienstifte oder Tafel/Kreide

ARBEITSWEISE
(Einzelarbeit)

1. Erörterung von normalen und extremen Sportarten (Sinn und Unsinn, Angstgefühle, Risiken, Gefahren, Umweltverträglichkeit usw.).
2. Sammeln von Möglichkeiten aus dem Erfahrungsbereich der SchülerInnen. Entwickeln und Darstellen eigener Ideen auch nach dem Motto: So etwas würde ich nie machen!
3. Zeichnen der Ausgangslage/Absprungsituation (Kran, Turm o. Ä.), dann Zeichnen des Seils in der gewünschten Situation (Momentaufnahme) und zum Schluss die menschliche Figur (Körperhaltung).

ZEITAUFWAND

mindestens eine Unterrichtsstunde

HINWEISE/TIPPS

- Eventuell Demonstration einer oder mehrerer Momentaufnahmen durch einfache Tafelskizzen.
- Zu dem Thema „Extreme Freizeitbeschäftigungen der Erwachsenen“ mögliche Motive sammeln und ein Motiv wählen lassen.
- Die Fähigkeit, Objekt/e, Mensch/en (mit ihrer Gestik/Mimik) und eventuell Teile der Umgebung treffend in Beziehung zu setzen, ist ein wichtiges Kriterium für die Schlussbesprechung.

WERKBETRACHTUNG

- Schülerarbeiten
- eventuell Illustrierten- und Zeitungsfotos

GRAFIK/ WAHRNEHMUNG	ORIGINAL UND FÄLSCHUNG*	KLASSE 1-4

ZIELVORSTELLUNG

Genaues Hinsehen, etwas miteinander vergleichen, Unterschiede aufspüren, sich auf eine Sache konzentrieren, alleine oder gemeinsam „arbeiten" sind wesentliche Merkmale dieser Übung. Dazu kommen auch inhaltliche Aspekte, denn beim genauen Hinsehen wird eine Grafik auch inhaltlich intensiver betrachtet, Details werden aufgespürt, Zusammenhänge hergestellt.

MATERIAL

- Kopiervorlage (S. 146, für gemeinsame Besprechungen können Sie sich auch Folien herstellen)
- Klarsichthüllen (eventuell Foliergerät)
- abwaschbare Filzstifte oder Bleistift und Radiergummi
- schwarzer Holzfarbstift, schwarzer Kugelschreiber, schwarzer Filzstift oder weicher Bleistift

ARBEITSWEISE/N
(Einzelarbeit)

1. Die Vorlagen vergleichen und die Unterschiede entsprechend markieren.
2. Die Vorlagen vergleichen und in die freigehaltenen Stellen die fehlenden Bildteile einzeichnen.
3. Die Vorlagen vergleichen und in die freigehaltenen Stellen eigene Bilder einbringen.

ZEITAUFWAND

ohne praktische Tätigkeit mindestens 5 Minuten, mit praktischer Arbeit mindestens 15 Minuten

HINWEISE/TIPPS
Einzelarbeit
Partnerarbeit

- Diese Übung ist in erster Linie als zeitlich begrenzte Differenzierungsarbeit gedacht oder sie kann im Rahmen einer freiarbeitlich orientierten Unterrichtsphase eingesetzt werden.
- Je nach zur Verfügung stehender Zeit können „nur" Vergleiche mit Fehlersuche oder aber auch eigene praktische Tätigkeiten einbezogen werden.
- Im Laufe der Zeit eine Sammlung anlegen. Im farblichen Bereich können teilweise auch die „Original- und Fälschungsaufgaben" aus der Fernsehzeitschrift „Hör Zu" verwendet werden.

WERKBETRACHTUNG

- Kunstwerke u. a. Grafiken im Vergleich
  z. B. Picassos „Stierkampf" (Neckar Verlag)

---

* *Zu diesem Kapitel finden Sie eine Kopiervorlage auf Seite 146*

Pablo Picasso, Hunde werden auf den Stier losgelassen, 1957, Aquatinta, Bremen, Kunsthalle, © 1983, SPADEM, Paris/VG Bild-Kunst, Bonn

Pablo Picasso, Hunde werden auf den Stier losgelassen, 1957, Aquatinta, Bremen, Kunsthalle, © 1983, SPADEM, Paris/VG Bild-Kunst, Bonn

JAHRMARKTBUDE/VERKAUFSSTAND

ZIELVORSTELLUNG

Eine Jahrmarktbude, besonders die vielfältig sortierten Buden mit Süßigkeiten, faszinieren die SchülerInnen. Neben den unterschiedlichen Bauten/Aufbauten soll ein großes Verkaufssortiment berücksichtigt und entsprechend präsentiert (angeordnet) werden.

MATERIAL

- DIN-A4-Blatt oder Zeichenblock
- Bleistift, Kugelschreiber, Holzfarbstifte, eventuell Filzstifte

ARBEITSWEISE
(Einzelarbeit)

1. Beschreiben von Jahrmarkt-, Markt- u. a. Besuchen, bei denen Buden und andere Verkaufsstände zu besichtigen waren.
2. Konstruktion einer Format füllenden Bude mit Theke, Regalen, Dach oder eines Verkaufsstands mit Auslegetischen, Schirm/en usw.
3. Darstellung der VerkäuferInnen.
4. Einzeichnen des reichhaltigen Angebots in die Regale mit zusätzlichen stehenden, hängenden u. a. Präsentationsformen.

ZEITAUFWAND

mindestens eine Unterrichtsstunde

HINWEISE/TIPPS

- Wenn es schneller gehen muss, könnten auch unterschiedliche Buden vorgegeben werden, die nur „eingerichtet“ und ausgestattet werden müssen.
- Anhand von Beispielen/Erfahrungen unterschiedliche Anordnungen erkennen und umsetzen.
- Atmosphäre, Gerüche, Musik bei Jahrmarkt- und Weihnachtsmarktbesuchen.
- Marktschreier u. a. Aktivitäten (Spiel und Aktion, Deutsch).
- Präsentation der Schülerarbeiten als Jahrmarktstraße/n.

WERKBETRACHTUNG

- Schülerarbeiten
- eventuell Illustrationen zu entsprechenden Geschichten

GRAFIK	EIN KOLOSSALES GESCHÖPF	KLASSE 2-4

ZIELVORSTELLUNG	Ein Format füllendes, fast Format sprengendes Geschöpf soll mit Hilfe der Frottagetechnik (Durchreibeverfahren) hergestellt werden. Die Frottage gehört zu den einfach umzusetzenden Techniken. Sie wird mit einer möglichst einfachen aber wirkungsvollen Umrisszeichnung kombiniert.
MATERIAL	- DIN-A3-Blatt - weicher Bleistift, Radiergummi - schwarze Wasserfarbe oder Dispersionsfarbe, Borstenpinsel - unterschiedliche Materialien und Oberflächen mit reliefartigen Strukturen (Legoplatte, Duploplatte, Strukturtapeten, ungehobeltes Brettstück, Geflechte, Rinde, Münzen, Ziegelstein, Küchenreiben, Blätter usw.) - Wachsstifte, Ölkreiden, eventuell Blatt zum Erproben
ARBEITSWEISE (Einzelarbeit)	1. Motivationsgeschichte, Wahl eines bekannten Tieres (Nashorn, Elefant, Riesenaligator) oder eines Fantasiewesens (Riese, Troll, Drache, Einhorn). 2. Format füllendes Skizzieren der Figur als Umrisszeichnung. Das Wesen stößt fast an jeder Seite an oder „drückt" sogar an den Rand. 3. Die Umgebung der Figur wird schwarz bemalt. Nach dem Trocknen wird die Binnenfläche der Figur mit unterschiedlichen Texturen gefüllt. Bei erster Anwendung der Technik Arbeitsweise demonstrieren (möglichst gleichmäßiges Schraffieren mit schräg gehaltenem Stift und nicht zu starkem Druck).
ZEITAUFWAND	mindestens eine Unterrichtsstunde
HINWEISE/TIPPS	- Diese Vorgehensweise hat den Vorteil, dass beim Durchreiben nicht auf saubere Ränder geachtet werden muss. - Als Format füllende Figur könnte Dürers Rhinozeros eingesetzt werden. - Die Figur ist so groß, dass sie fast die große Transportkiste sprengt. - Fantasiegeschichten über ungewöhnliche Wesen und Geschöpfe, Fantasiereise.
WERKBETRACHTUNG	- Schülerarbeiten - Frottagen von Max Ernst Ernst: Der Ausbrecher (Neckar Verlag)

ZIELVORSTELLUNG

Ausgehend vom Deutschunterricht, von Comics, von „(Kunst)Figuren“ oder einfachen Materialien soll eine Bildergeschichte hergestellt werden.

MATERIAL

- DIN-A4- bis maximal DIN-A3-Blatt (weiß oder getönt)
- weicher Bleistift, Holzfarbstifte
- eventuell Figuren zum Ausschneiden (Arbeitsblatt, Schere, Klebstoff) oder einfache Druckstempel (Wasserfarben, Borstenpinsel) oder Münzen zum Durchreiben (schwarzer Stift, Wachsstifte)

ARBEITSWEISE
(Einzelarbeit)

1. Die wichtigsten Merkmale einer Bildergeschichte erfassen (zum Beispiel: Handlungsablauf in mindestens 4 Bildern, meist gleiches Aussehen der Hauptfigur/en).
2. Konzipieren einer Bildergeschichte in Verbindung mit Deutsch (Stichwörter, Einzelbildüberschriften usw.).
3. Die Bildgeschichte kann als Bildreihe (halbiertes Blatt aneinandersetzen) oder als Bildblock (DIN-A4-Blatt wird zwei Mal jeweils in der Mitte gefaltet und wieder entfaltet) erscheinen.
4. Gleiche Hauptfiguren erhält man durch ähnliche Zeichnungen (Aussehen, Kleidung, Attribute) durch Ausschneiden und Aufkleben von Bildvorlagen, durch Drucken oder durch Frottage.

ZEITAUFWAND

mindestens 60 Minuten bei sorgfältiger Ausarbeitung des Hintergrunds

HINWEISE/TIPPS

- Es sind gemeinsame oder individuelle Themenstellungen möglich.
- Mit der Aufgabe können auch bildnerische Probleme verknüpft werden:
  - Bewegungen: Es regnet immer stärker, es fällt etwas herunter und zerplatzt, ein Auto rast vorbei.
  - Ausformungen: Ein besonderes Tier, ein Kran, eine vornehme Dame werden besonders detailliert dargestellt.
  - Gruppierungen/Anordnungen und Beziehungen.

WERKBETRACHTUNG

- Schülerarbeiten
- Kurzcomics und Bildergeschichten

eine herrliche Nacht ...
2
4
6

GRAFIK/FARBE	WEINKORKENABROLLTECHNIK	KLASSE 2-4

ZIELVORSTELLUNG

Eine neue Technik soll erprobt und für eine bildnerische Aufgabenstellung genutzt werden. Diese kann für unterschiedliche Altersstufen sehr verschieden genutzt werden.

MATERIAL

- Weinkorken
- zwei dünne Nägel circa 3 cm Länge
- Wasserfarben und Borstenpinsel
- Blatt/Malblock oder farbige Papiere DIN A4 bis DIN A3
- kleine Walze

ARBEITSWEISE
(Einzelarbeit)

1. Die beiden Nägel werden jeweils seitlich möglichst in den Mittelpunkt der Seitenflächen gedrückt oder geschlagen. Es entsteht ein teigrollenartiges Miniwalzgerät.
2. Die Walze wird mit gut gesättigter Farbe eingepinselt.
3. Die eingefärbte Walze wird mit zwei Fingern auf den beiden „Nagelgriffen" ausgewalzt. Es entstehen unregelmäßige Farb-Form-Strukturen, die als Musterelemente eingesetzt aber auch weiterverarbeitet werden können.

ZEITAUFWAND

mindestens 15 Minuten

HINWEISE/TIPPS

- Es können farbige Muster entstehen (Gestaltung einer Bildersammelmappe).
- Es können Farb-Form-Strukturen entstehen, die grafisch und farblich weiter ausgedeutet werden.
- Bei Verwendung von ausschließlich schwarzer Farbe entstehen birkenrindenartige Strukturen, in die kleines Getier hineingezeichnet werden kann.

WERKBETRACHTUNG

- Schülerarbeiten

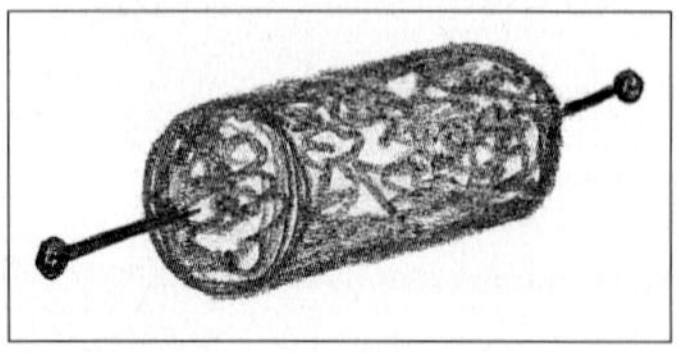

Farbwalze

GRAFIK	FADENZUGTECHNIK	KLASSE 2–4

ZIELVORSTELLUNG	Die Fadenzugtechnik gehört zu den technisch einfachen Zufallstechniken, die fast in jeder Altersstufe einsetzbar ist und ansprechende Ergebnisse verspricht. Die Ergebnisse können als Bildpostkarten, Einladungskarten u. Ä. verwendet, aber auch grafisch und farblich weiter ausgedeutet werden.
MATERIAL	- dicker Faden unterschiedlicher Länge, circa 30–60 cm - Wasserfarben, Borstenpinsel, Unterlage - DIN-A5- bis DIN-A4-Blatt unterschiedlicher Qualität, gefaltet - eventuell zum weiteren Ausgestalten: Zeichenstifte oder Deckfarben, Haar- oder Borstenpinsel - eventuell stabiles Pappstück zum gleichmäßigen Andrücken des Fadens
ARBEITSWEISE	1. Papier in der Mitte falten. 2. Faden mit Borstenpinsel und mit einer bzw. mehreren Farben einstreichen. 3. Den Faden in die gewünschte Position legen. 4. Papier zuklappen, eventuell das Pappstück auflegen und mit einer Hand andrücken. Mit der anderen Hand wird der Faden herausgezogen.
ZEITAUFWAND	für einen Versuch circa 5 Minuten
HINWEISE/TIPPS	- Mögliche gegenständliche oder assoziative Ausdeutungen eines Druckergebnisses. - Weitere Ausgestaltung mit grafischen und farbigen Mitteln. - Verwendung der Ergebnisse als Schmuckpostkarte u. a. designte Gebrauchs- oder Schmuckgegenstände.
WERKBETRACHTUNG	- ausgewählte Schülerarbeiten

GRAFIK	KORKENZIEHERGEWÄCHS	KLASSE 2-4

ZIELVORSTELLUNG

Es soll eine Pflanze Format füllend als Einzelfigur entwickelt werden. Das Korkenziehergewächs fällt natürlich zunächst durch den korkenzieherartigen Wuchs des Stamms bzw. der Äste auf, auch Blätter und vielleicht Blüten dürfen nicht fehlen.

MATERIAL

- DIN-A5- oder DIN-A4-Blatt und Bleistift, Kugelschreiber oder Holzfarbstifte oder DIN-A3-Blatt und Ölkreiden oder Wachsstifte
- eventuell ein Probierblatt

ARBEITSWEISE
(Einzelarbeit)

1. Erproben der spiralförmigen „Korkenzieherbewegung", einmal rechts herum, einmal links herum und auch einmal im Wechsel.
2. Format füllendes korkenzieherartiges Zeichnen eines Stammes mit vielen Ästen oder eines dichten Strauches.
3. Einzeichnen von Blättern und eventuell auch Blüten oder Früchten.

ZEITAUFWAND

mindestens 30 Minuten

HINWEISE/TIPPS

- Wenn Ihre SchülerInnen Abwechslung in der Technik benötigen, könnte diese Aufgabe auch mit „Kleistermalerei" (Malblock dünn mit Tapetenkleister bestreichen, schwarze Dispersionsfarbe aufbringen, mit Borstenpinsel und/oder Pinselstiel Bewegungslinien setzen) oder mit der „Monotypie" (wasserlösliche Druckfarbe auf einer Kunststoffplatte dünn auswalzen, mit einem Hölzchen, einem kleinen Pappstück oder dem Pinselstiel entsprechende Linien in die eingefärbte Fläche „schaben", Blatt auflegen und Abdrucken) umgesetzt werden.

WERKBETRACHTUNG

- Schülerarbeiten
- Abbildungen aus Gartenzeitschriften, Gartenprospekten

GRAFIK	DIE GIERIGE SCHLANGE	KLASSE 2-4

ZIELVORSTELLUNG

Die Linie wird hier als grafisches Gestaltungsmittel zur Darstellung von Umrissen eingesetzt. Ausgangspunkt könnte Saint-Exuperys „Der kleine Prinz“ sein (Schlange verschluckt einen Elefanten). Aufgabe: „Die gierige Riesenschlange hat viele verschiedene Dinge verschlungen.“ Die Schlangenhaut zieht sich über verschlungene, mehr oder weniger markante Dinge hinweg.

MATERIAL

- Schreibmaschinenpapier (DIN A4), Bleistift, Radiergummi
- schwarzer Filzstift
- OHP/Folienstift oder Tafel/Kreide

ARBEITSWEISE (Einzelarbeit)

1. Präsentation einer oder mehrerer rätselhafter Zeichnungen durch Lehrer und/oder SchülerInnen, um die Technik/Arbeitsweise zu zeigen.
2. Das DIN-A4-Blatt wird in der Mitte gefaltet, der Falz liegt hinten.
3. Entwickeln und Darstellen eigener Ideen, eventuell zunächst auf einem Probierblatt. Es sind grundsätzlich zwei Darstellungswege denkbar: Die Schlange wird auf das obere Papierteil sofort mit allen verschluckten Dingen umrisshaft gezeichnet. In einer zweiten Zeichnung darunter werden dann die verschluckten Teile „sichtbar gemacht“. Oder umgekehrt: Zuerst werden auf dem später verdeckten Teil des Blattes die verschluckten Teile aufgezeichnet, das Blatt zugeklappt und am Fenster die Schlangenform „übergezeichnet“.

ZEITAUFWAND

eine Unterrichtsstunde

HINWEISE/TIPPS

- Gegenseitiges Erraten/Vermuten der verschluckten Teile (Wahrnehmungsübung).
- Eindeutige und mehrdeutige Umrisse feststellen.
- Die Wahl der Vorgehensweise ist vom Vorstellungsvermögen und von der Altersstufe abhängig.

WERKBETRACHTUNG

- Schülerarbeiten

DO

GRAFIK	KUNSTFIGUREN IN ANDERER UMGEBUNG*	KLASSE 2-4

ZIELVORSTELLUNG	Vorgegebene Kunstwerke verändern, indem besondere Figuren oder Gegenstände aus einem Kunstwerk herausgelöst und in einen anderen Zusammenhang gebracht werden.
MATERIAL	- Kopiervorlagen circa DIN A4 bis DIN A5 (siehe auch S. 147) - DIN-A4-Papier und eventuell weiteres Bildmaterial zur Ausstattung der Umgebung - Schere, Klebstoff/Klebestift - Wachs- oder Ölkreiden, Holzfarbstifte, Kugelschreiber
ARBEITSWEISE (Einzelarbeit)	1. Figur(en) und/oder Gegenstand/Gegenstände ausschneiden und aufkleben. 2. Umgebung/Situation grafisch ausgestalten durch Zeichnung und eventuell durch weitere Collageteile.
ZEITAUFWAND	mindestens 30 Minuten
HINWEISE/TIPPS	- Fantasiegeschichten (Deutsch). - Es sollte vor einer möglichen Veränderung eine Betrachtung stattgefunden haben, um bildnerisch entsprechend reagieren zu können. - Es kann eine moderne, historische oder futuristische Umgebung gewählt werden. - Es können bei Bedarf weitere Bildteile hineingeklebt werden.
WERKBETRACHTUNG	- Schülerarbeiten - Kunstbeispiele: Erro: Der zweite Schrei (nach Munch: Der Schrei) Collagen mit Dürer-Bildern Collagen von Hamilton usw.

* *Zu diesem Kapitel finden Sie eine Kopiervorlage auf Seite 147*

ZIELVORSTELLUNG

In Ergänzung zu grafisch dynamischen Bewegungsspuren (Bewegung sichtbar machen) oder zu Bildergeschichten (Visualisierung eines zeitlichen Ablaufs) kann ein kleiner Rollfilm hergestellt werden.

MATERIAL

- ein DIN-A4-Blatt (normales Schreibmaschinenpapier) entlang der Breitseite in knapp 5 cm breite Streifen schneiden; sie erhalten pro Blatt 6 Streifen (ca. 5 × 20 cm); am besten gleich mehrere Blätter mit dem Cutter oder der Papierschneidemaschine zuschneiden
- Bleistift, Kugelschreiber, Holzfarbstifte oder Filzstifte

ARBEITSWEISE
(Einzelarbeit)

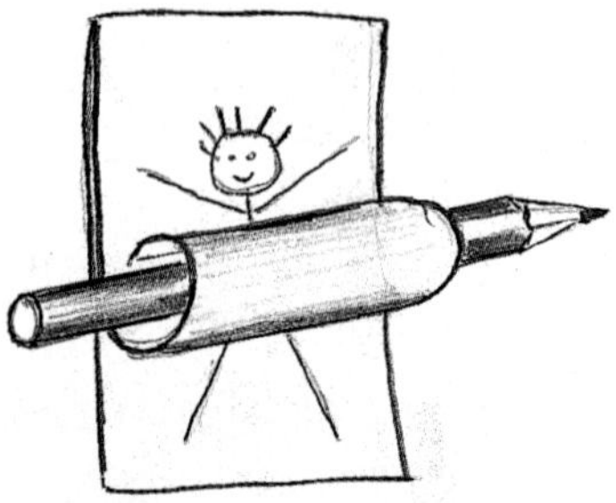

1. Der Papierstreifen wird in der Mitte gefaltet (ca. 5 × 10 cm) und so gelegt, dass der Falz oben liegt.
2. Das „Filmmotiv“ wird jeweils in den unteren Bereich gezeichnet. Der untere Blattrand könnte die Standlinie sein.
3. Wichtig ist, dass die beiden Abbildungen in einigen Bereichen deckungsgleich sind. Das erreicht man dadurch, dass man bei bestimmten Teilen gut aufdrückt, sodass man sich am Durchdruck orientieren kann oder aber man beginnt mit dem unteren Blatt, hält dann den Film ans Fenster und zeichnet den Rest durch.
4. Mögliche „Filmmotive“ sind: Trauriges/Lachendes Gesicht, Hampelmann, Tänzerin, Boxer, Tier guckt aus seinem Bau, etwas fällt herunter, die Haare stehen zu Berge, Gymnastik ...
5. Das obere Blatt wird mithilfe eines Bleistifts mehrfach zum Falz hin eingerollt. Wenn dieses Blatt in teilweise eingerollter Position bleibt, kann vorgeführt werden.
6. Eine Hand hält die Blätter am Falz fest, die andere Hand rollt mit einem Bleistift den eingerollten Teil vor (und zurück). Eine einfache filmische Bewegung entsteht.

ZEITAUFWAND

für einfachste Schwarz-Weiß-Rollfilme ohne größeren Zeichenaufwand mindestens 5–10 Minuten

HINWEISE/TIPPS

- Der Rollfilm kann als Ausgangspunkt für ein Daumenkino (Abfolge von circa 10 bis 20 Einzelbildern) dienen.
- Filmische Bewegungen können auch durch Zwirbelkärtchen, Bildräder oder Bilderkarussels simuliert werden.
- Die Aufgabe könnte Bestandteil einer übergreifenden Thematik „Bewegung sichtbar machen“ sein. In unterschiedlichen Aspekten und Aufgaben wird dieses Phänomen umgesetzt.

WERKBETRACHTUNG

- Schülerarbeiten (Rundgang, Vorführungen für Kleingruppen)

GRAFIK | GEFÄHRLICHE STACHELPFLANZE | KLASSE 2-4

ZIELVORSTELLUNG

Eine Pflanze soll Format füllend als Einzelfigur entwickelt werden. Das Besondere dabei ist, dass die Pflanze gefährliche Stacheln (Dornen u. Ä.) besitzt und es nicht ratsam wäre, die Pflanze anzufassen.

MATERIAL

- DIN-A5- oder DIN-A4-Blatt
- Bleistift, Kugelschreiber, Holzfarbstifte, eventuell dünne Wachsstifte
- alternativ dunkles Tonpapier, weiße Stifte

ARBEITSWEISE
(Einzelarbeit)

1. Die Pflanze möglichst rasch in Zackenformen (zickzackförmigen Bewegungen) anlegen. Natürlich kann auch auf bekannte kakteenartige Pflanzen und ähnliche Grundmuster zurückgegriffen werden.
2. Einzeichnen unterschiedlicher Stacheln, Dornen und anderer Gebilde (auch Blätter, Blüten oder Früchte sind möglich).

ZEITAUFWAND

mindestens 20 Minuten bei kleinem Format

HINWEISE/TIPPS

- Auch andere, besondere Pflanzen und Pflanzenformen können möglichst Format füllend dargestellt werden (Schlingpflanzen, Perückenstrauch, Korkenziehergewächs, Riesendoldengewächs, Löwenzahn).
- Die Arbeit kann als eine für alle verbindliche Arbeit, als zeitlich begrenzte Differenzierungsarbeit oder als freiarbeitlich orientierte Auswahlaufgabe eingesetzt werden.
- Als alternative Techniken können eingesetzt werden: Stempeldruck, Zeichnung kombiniert mit Stempeldruck oder eine Monotypie.
- Besondere Pflanzen (Heimat- und Sachunterricht).

WERKBETRACHTUNG

- Schülerarbeiten
- besondere Pflanzen (Biologiebücher, Lexika)

GRAFIK | VERÄNDERN VON KUNSTBEISPIELEN | KLASSE 2-4

ZIELVORSTELLUNG	Vorgegebene Kunstbeispiele wahrnehmen und in einer bestimmten Wirkungsabsicht verändern oder umdeuten. Dabei können Kunstdrucke oder Kopien von Kunstbeispielen überzeichnet oder mit Collageteilen weiter verändert werden.
MATERIAL	- Bildmaterial, Papier, schwarzer Holzfarbstift, Kugelschreiber, Bleistift, eventuell auch Holzfarbstifte - Schere, Klebstoff/Klebestift
ARBEITSWEISE (Einzelarbeit)	1. Bildgrund evtl. als vom Lehrer vorbereitete Kopiervorlage. 2. Zusätzliches Bildmaterial ausschneiden und aufkleben oder selbst etwas zeichnen, ausschneiden und aufkleben. 3. Eventuell weitere zeichnerische Überarbeitung der Vorlage.
ZEITAUFWAND	mindestens 30 Minuten
HINWEISE/TIPPS	- Es sollten vor allem grundsätzliche Veränderungsmöglichkeiten ins Auge gefasst werden. Zum Beispiel: ● Verändern der Hauptfigur/en, ● Verändern der Umgebung/Teile der Umgebung, ● Verändern der Tageszeit durch Abdunkeln, ● Ungewöhnliche, unmögliche Ergänzungen, ● Passende Ergänzungen. - Die Arbeit kann bei einem Fundus anregender Arbeitsvorlagen (Kopien) auch als Differenzierungsaufgabe oder freiarbeitsorientierte Aufgabenstellung genutzt werden. - Alternativ können nicht mehr benötigte oder verwackelte Fotos mit einer Nadel (Radiernadel) verändert werden.
WERKBETRACHTUNG	- Schülerarbeiten

ZIELVORSTELLUNG

Eine vorgegebene Zeichnung (Fotokopie, großes Foto o. Ä.) oder eine selbst hergestellte Zeichnung soll mit Hilfe des Stempeldrucks ergänzt und damit ausgestattet werden. Es geht hier hauptsächlich um unterschiedliche Ordnungs- und Gruppierungsformen.

MATERIAL

- Zeichenblock DIN A3, Kopiervorlage DIN A3 bis DIN A4 (siehe auch S. 148)
- Wasserfarben, Borstenpinsel
- unterschiedliche Druckstöcke (Korken, zugeschnittene Styrene, Moosgummi, Wellpappestücke, Pappe, alte Kartoffeln u. Ä.)
- eventuell Holzklötzchen und doppelseitiges Klebeband

ARBEITSWEISE (Einzelarbeit)

1. Zunächst wird die Umrisszeichnung einer Figur hergestellt oder eine geeignete Vorlage (Fotokopie, Einlinienzeichnung, Foto, Illustriertenporträt o. Ä.) ausgewählt.
2. Durch Stempeldruck werden Teile der Figur, besonders Haare, Kopftuch, besonderer Kopfschmuck, Hals, Kleidung u. Ä. bedruckt.
3. Ein (gegenseitiger) Austausch von Druckstöcken ist möglich.

ZEITAUFWAND

mindestens eine Unterrichtsstunde

HINWEISE/TIPPS

- Es kann „nur" schwarz-weiß aber auch farbig gedruckt werden.
- Alternativ kann auf dunkelfarbigem Tonpapier mit Weiß oder mit Weiß aufgehellten Farben gedruckt werden.
- In ein Styrene-, Kork- oder Pappdruckstück können zusätzlich einfache Muster eingeschnitten werden.
- Kleinerformatige Arbeiten (DIN A4) eignen sich auch für zeitlich begrenzte Differenzierungsaufgaben oder für freiarbeitlich angelegte Unterrichtsphasen.

WERKBETRACHTUNG

- Schülerarbeiten
- auffällig bemalte Büsten und Porträts
- Schmuckformen, Objekte mit flächigen Mustern

* *Zu diesem Kapitel finden Sie eine Kopiervorlage auf Seite 148*

ZIELVORSTELLUNG

Erproben einfacher Drucktechniken. Mit dem dünnen Kunststoffmaterial (aufgeschäumte styroporähnliche Untertapete) können je nach Einsatz und Bearbeitung unterschiedliche bildnerische Probleme angegangen werden: Differenzierte Einzelfiguren, Beziehungen, Gruppierungen und Bewegungen.

MATERIAL

- Depron-/Styreneplatten, Depron-/Styrenebruchstücke
- Bleistift, Kugelschreiber, einfache Ritzwerkzeuge
- eventuell Schere, Holzklötzchen, etwas doppelseitiges Klebeband
- schwarze Dispersionsfarbe und Borstenpinsel bzw. wasserlösliche Druckfarbe, Kunststoffplatte, kleine Walze
- Papier DIN A3 bis DIN A4, weiß oder getönt

ARBEITSWEISE (Einzelarbeit)

1. Die Arbeitsweise richtet sich nach der Aufgabenstellung bzw. dem bildnerischen Problem.
   Bei differenzierten Einzelfiguren (Baum, Ritter, Schildkröte usw.) und der Darstellung von Beziehungen werden vorwiegend Linien, Striche, Punkte eingeritzt bzw. eingedrückt.
2. Bei Ordnungs- und Gruppierungsformen (Tierherde, Vogelschwarm, Verkehrschaos usw.) können einzelne Formen ausdifferenziert, mit der Schere ausgeschnitten und auf ein Holzklötzchen geklebt, mehrfach abgedruckt werden.
3. Einfärben der Druckstöcke und Abdrucken an gewünschten Stellen. Mehrfachabdrucke sind möglich.

ZEITAUFWAND

circa eine Unterrichtsstunde für mehrere Drucke/Abdrucke

HINWEISE/TIPPS

- Diese Drucktechnik kann auch für die Gestaltung von Gruß- oder Schmuckkarten verwendet werden.
- Druckergebnisse können grafisch und farblich weiter ausgestaltet werden.
- Es können kombinierte Drucke als großformatige „Gemeinschaftsarbeit“ auch in Partner- oder Gruppenarbeit entstehen.

WERKBETRACHTUNG

- Schülerarbeiten

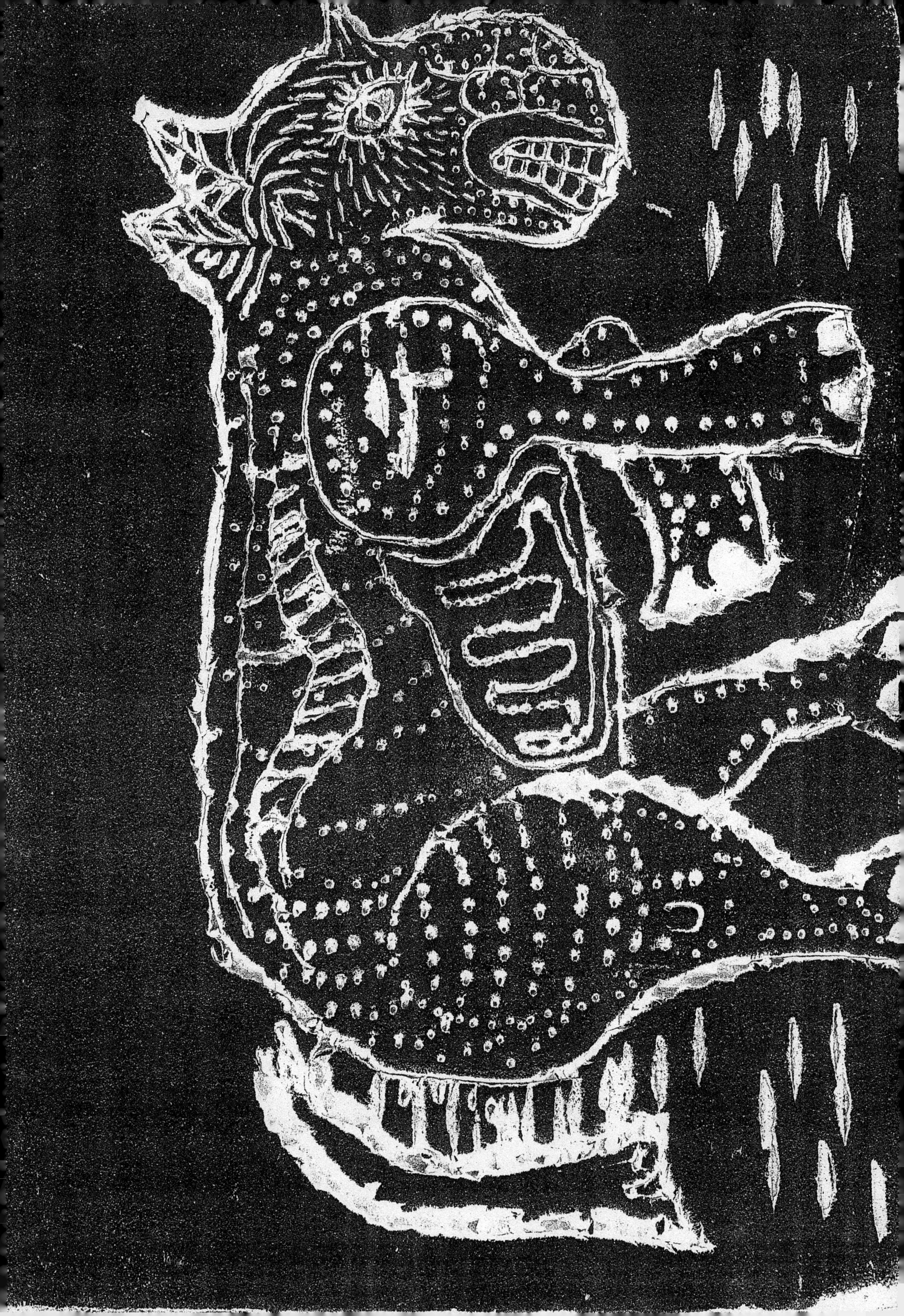

ZIELVORSTELLUNG

Eine Zeichnung wird im Gegensatz zu sonstigen Bildgründen auf einen zweifarbigen Grund gebracht. Das erhöht nicht nur den optischen Reiz der Zeichnung, sondern bietet auch Abwechslung in der Bildanlage und in der zeichnerischen Ausführung.

MATERIAL

- Schreibmaschinenpapier weiß oder leicht getönt oder Zeichenblock maximal DIN-A3-Format
- Schreibmaschinenpapier farbig oder eine kleine Farbwalze und wasserlösliche Druck- oder Wasserfarbe, großer Malerpinsel
- eventuell Schere, Klebstoff/Klebestift
- Zeichenstifte (weicher Bleistift, schwarzer Holzfarbstift, Filzstifte, Feder und Tusche oder Kugelschreiber)

ARBEITSWEISE
(Einzelarbeit)

1. Eher gezielt aber auch eher zufällig werden Farbflächen auf das Papier gebracht. Am einfachsten geht es durch großflächiges Malen mit großem Pinsel. Es können aber auch Reste wasserlöslicher Druckfarbe mit einer kleinen Walze abgerollt werden. Oder es werden ein oder mehrere große Stücke Farbpapier aufgeklebt.
2. Alternativ dazu kann auch farbiges Schreibmaschinenpapier ungefähr in der Mitte gezielt oder zufällig durchgerissen oder durchgeschnitten werden. Das gilt für Hoch- und Querformat. Es können ziemlich gerade, hügelförmige, gezackte und andere Linien entstehen.
3. Ein farbiges Teil wird nun auf das weiße oder nur leicht getönte DIN-A4-Blatt geklebt. Die gerissene bzw. geschnittene Kante liegt wieder in der Blattmitte, die gerade Kante am oberen oder unteren Rand.
4. Das farbige Papierteil wird auf das weiße Blatt geklebt. Da zwei farbige Papierteile entstanden sind, können auch zwei weiße Blätter beklebt werden.
5. Die Zeichnung erfolgt unter Einbeziehung der entstandenen Farbflächen.

ZEITAUFWAND

mindestens eine Unterrichtsstunde

HINWEISE/TIPPS

- Demonstration der Vorgehensweise/n und der daraus resultierenden Gestaltungsmöglichkeiten.
- Einige Farbblätter auf Vorrat anlegen.
- Erörterung von möglichen Motivstellungen.

WERKBETRACHTUNG

- Schülerarbeiten

GRAFIK | UNTER DER GANZKÖRPERDUSCHE | KLASSE 2-4

ZIELVORSTELLUNG

Duschen muss nicht nur ein ab und zu notwendiger Reinigungsakt, sondern kann auch ein Ganzkörpererlebnis sein, das sich zudem auch pantomimisch darstellen und dann zeichnen lässt.

MATERIAL

- Blatt/Zeichenblock DIN A4
- schwarzer Kugelschreiber, Holzfarbstift oder Filzstift

ARBEITSWEISE
(Einzelarbeit)

1. Erfahrungen und Erlebnisse mit Duschen. Unterschiedliche Duschen (Duschkörper, Brausen, Schläuche, Duschköpfe usw.).
2. Eventuell pantomimische Darstellungen (Dusche ist zu kalt, zu heiß, genau richtig temperiert, Mimik und Gestik bei wohligem Duschen usw.).
3. Erfinden einer Format füllenden Ganzkörperduschkonstruktion, Einzeichnen der Person und zum Schluss der vielfältigen Wasserstrahlen.

ZEITAUFWAND

mindestens eine Unterrichtsstunde

HINWEISE/TIPPS

- Es können witzige, ungewöhnliche oder realitätsnahe Duschkonstruktionen gewählt werden.
- Verschiedene Duschpositionen pantomimisch darstellen.
- Wasserstrahl mit kurzen, mittleren und langen Strichen zeichnen, aufspritzendes Wasser nicht vergessen.

WERKBETRACHTUNG

- Schülerarbeiten

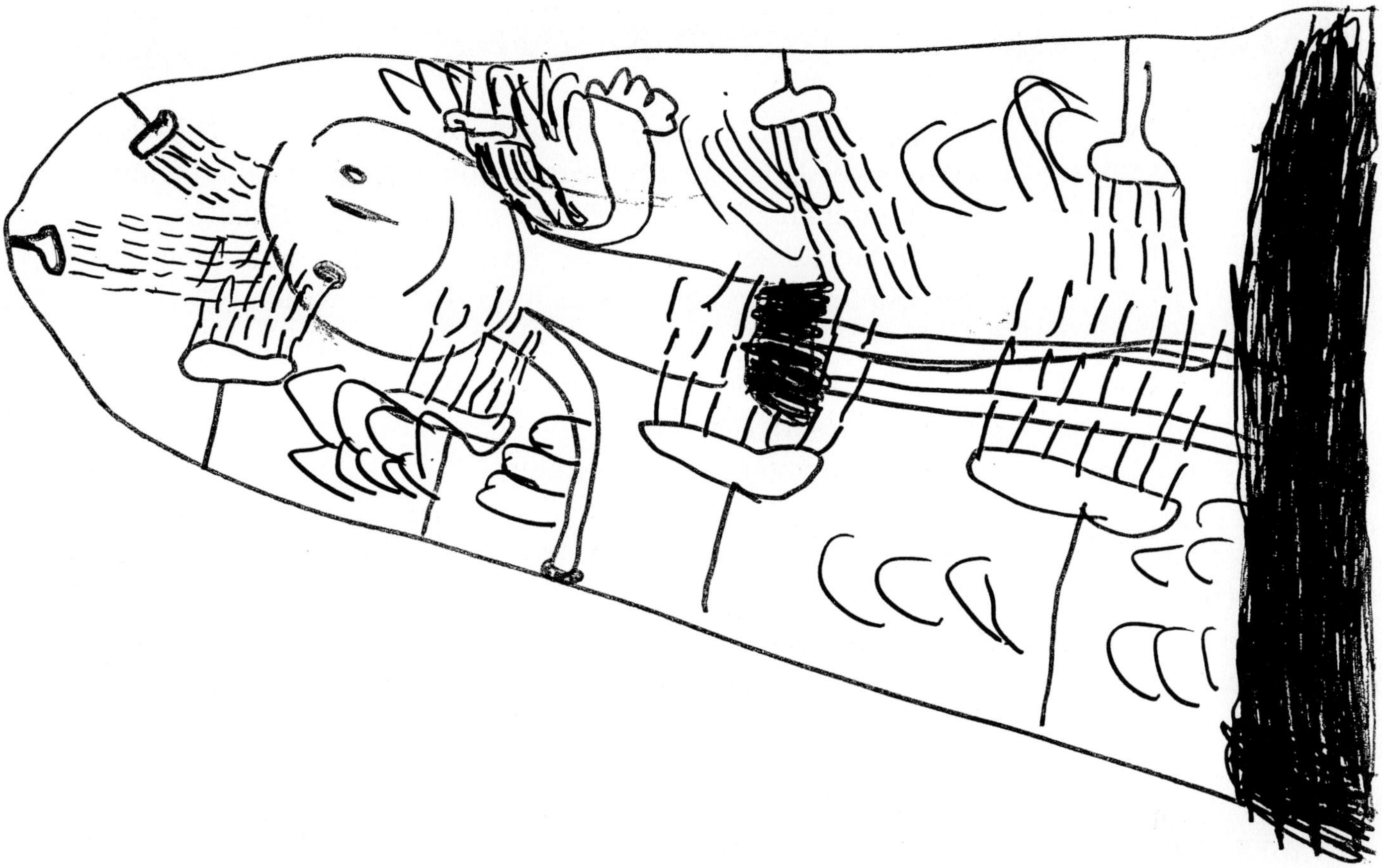

BREMER STADTMUSIKANTEN

ZIELVORSTELLUNG

Herstellen eines Beziehungsgefüges zwischen Tieren. Die Tiere sollen wie die bekannten Bremer Stadtmusikanten turmartig übereinander stehen. Neu ist, dass hier neben der Originalbesetzung (Esel, Hund, Katze, Hahn) eine Zweitbesetzung, eine möglichst ungewöhnliche „Ersatzmannschaft“ gezeichnet wird.

MATERIAL/WERKZEUG

- Schreibmaschinenpapier und Holzfarbstifte oder DIN-A3-Block und Wachsstifte/Ölkreiden
- OHP/Folienstift oder Tafel/Kreide

ARBEITSWEISE (Einzelarbeit)

1. Vorkenntnisse der SchülerInnen über die Geschichte der Bremer Stadtmusikanten.
2. Problemstellung mit unterschiedlichen Vorschlägen für eine ungewöhnliche Ersatzmannschaft (Demonstration OHP/Tafel).
3. Umrisshaftes Skizzieren der eigenen Besetzung.
4. Grafisch differenzierte Ausgestaltung der einzelnen Tiere.

ZEITAUFWAND

mindestens 30 Minuten

HINWEISE/TIPPS

- Es können auch sehr ungewöhnliche Zusammenstellungen gewählt werden (Fische oder exotische Tiere usw.).
- Der Aufbau des Tierturms muss nicht unbedingt pyramidenförmig sein und den tatsächlichen Größenverhältnissen der Tiere entsprechen.
- Es können kleine Geschichten dazu erfunden werden. (Warum sind die Tiere ausgestoßen worden? Wie wehren sie sich gegen die Räuber? u. Ä.)

WERKBETRACHTUNG

- Schülerarbeiten
- Illustrationen aus Kinder- und Jugendbüchern

ZIELVORSTELLUNG	Im Zickzackland ist alles spitz und zackig. Ausgehend von einfachen Szenen wird diese besondere Zeichenweise erprobt und angewandt.
MATERIAL	- DIN-A4- bis maximal DIN-A3-Blatt (weiß oder getönt) - weicher Bleistift, Holzfarbstifte, bei DIN-A3-Format Wachsstifte oder Ölkreiden
ARBEITSWEISE (Einzelarbeit)	1. Nach der Problemstellung können einige Dinge exemplarisch erprobt werden: Zickzacksonne, Zickzackauto, Zickzackhaus usw. 2. Die normale Landschaft wird flüchtig skizziert und anschließend mit zackigen Linien überarbeitet. 3. Einzelne Flächen können mit Mustern/Strukturen versehen oder auch farbig ausgestaltet werden.
ZEITAUFWAND	mindestens eine Unterrichtsstunde bei sorgfältiger Ausarbeitung
HINWEISE/TIPPS	- Es sind gemeinsame oder individuelle Themenstellungen möglich. - Es kann auch eine alte Schülerarbeit, eine Illustration oder ein Schülerbuchbild ins Zickzackland übertragen werden. - Die Machart kann variiert werden: Im Rundland, Wolkenland usw.
WERKBETRACHTUNG	- Schülerarbeiten

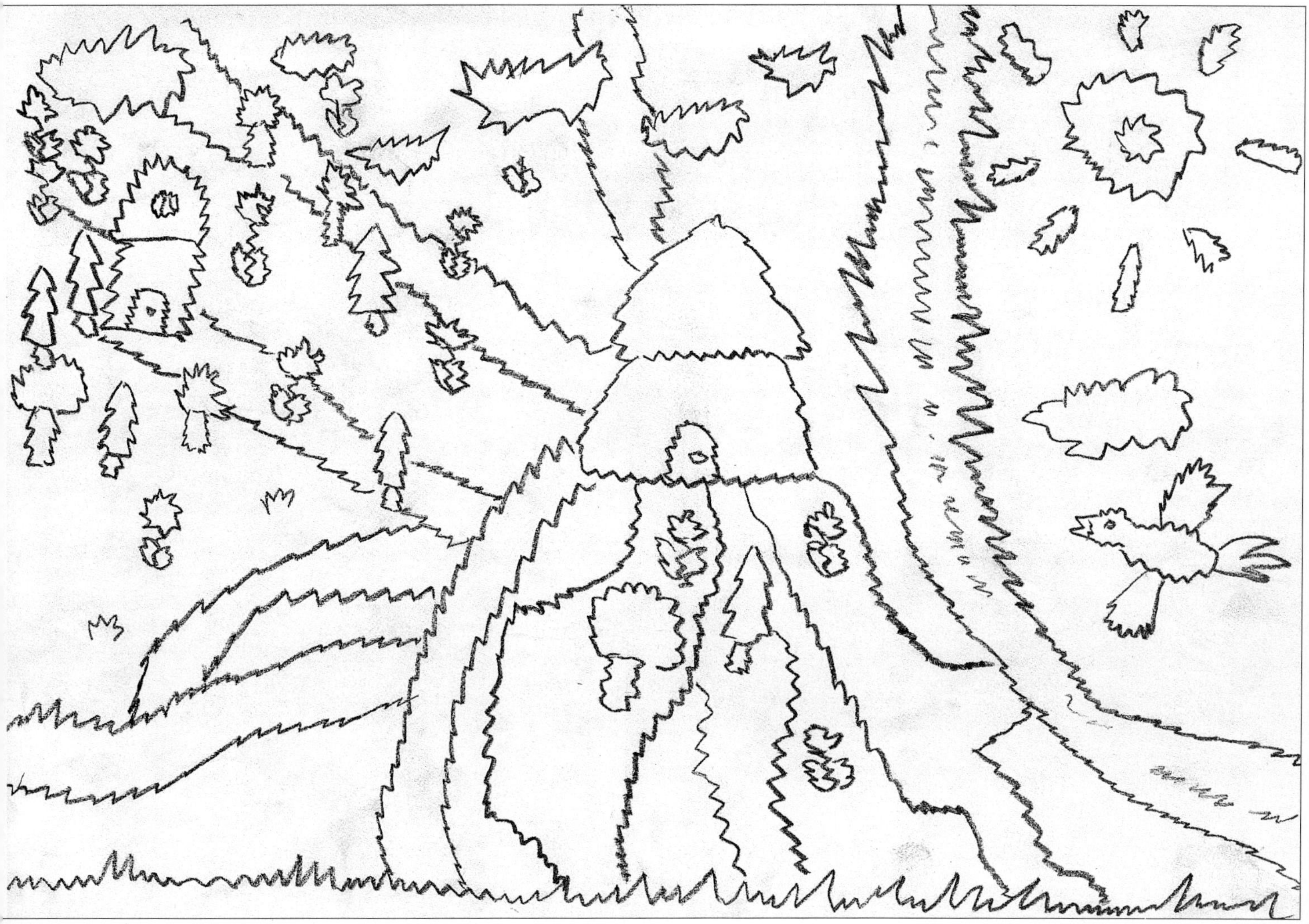

ZIELVORSTELLUNG	Die SchülerInnen erkennen, dass bei Schriftbildern die Wortbedeutung auch bei Nichtverstehen der Sprache erschließbar ist und setzen Begriffe grafisch um.
MATERIAL	- DIN-A4- oder DIN-A3-Blatt, Zeichenblock - Bleistift, Holzfarbstifte, eventuell Filzstifte oder dünne Wachsstifte - Wortsammlung
ARBEITSWEISE (Einzelarbeit)	1. Selbstständiges Finden oder Aussuchen und Umsetzen eines Wortes/Begriffes in bildhafte Schreibweise. 2. Skizzieren des Wortes. 3. Bildhaftes Ausdeuten und Ausgestalten des Wortes.
ZEITAUFWAND	circa eine Unterrichtsstunde
HINWEISE/TIPPS	- (Er)Finden von eigenen Wörtern/Begriffen. Erproben der bildhaften Umsetzung. - Anlegen einer Sammlung geeigneter Beispiele eventuell mit Kurzdemonstration möglicher Umsetzungen (Feuer, Eis, Wasser, Wurzel, Brett, Wolke, Mauer, Blut usw.). - Weiterführung: Experimente mit Schrift, Schriftbilder, außergewöhnliche aber sinngemäße Anordnungen von Buchstaben eines Wortes (z. B. Luftballon, Tal, treppauf und treppab). - „Übersetzen“ von Wörtern aus anderen Sprachen und von Fremdwörtern in Schriftbilder.
WERKBETRACHTUNG	- Schülerarbeiten - Schriftbilder aus Kunst und Umwelt

dünn
FEUER
licht
VERSIERT
wolle
dicH
ZEBRA
REGEN
NEBE

SCHNEEBALLSCHLACHT

ZIELVORSTELLUNG

Nachdem die SchülerInnen in der Lage sind, menschliche Figuren etwas differenzierter zu zeichnen, können Beziehungen prägnanter dargestellt werden. Hier kommen grafisch-dynamische Bewegungsspuren hinzu.

MATERIAL

- Zeichenblock DIN A3 (Querformat)
- weicher Bleistift, schwarzer Holzfarbstift oder Holzfarbstifte
- eventuell Radiergummi

ARBEITSWEISE (Einzelarbeit)

1. Das Wurffeld wird abgesteckt. Dabei könnte das Blatt in ungefähr drei gleich große Felder eingeteilt werden, wobei das mittlere Feld nicht betreten werden darf.
2. Im linken und rechten Feld stehen sich die WerferInnen gegenüber. Bei einer Schneeballschlacht gibt es verschiedene Aktivitäten (Körperstellungen): Ausholen, Abwerfen, Bücken und Schneebälle formen usw.
3. Sind die Figuren gezeichnet, können liegende, fliegende und aufprallende Schneebälle mit den entsprechenden Bewegungslinien eingezeichnet werden.
4. In Anlehnung an Darstellungsweisen in Comics können auch bestimmte Körperteile (hier: Wurfarme) in „Phasenverschiebung" mehrfach abgebildet werden.

ZEITAUFWAND

mindestens 60 Minuten

HINWEISE/TIPPS

- Grundlegende Darstellungsweisen menschlicher Gestik/Körperhaltung sollten bekannt und zumindest ansatzweise erprobt sein (siehe Vorschlag „Menschen").
- Einbeziehen von Bewegungsdarstellungen aus Comics wie:
  - Bewegungslinien (speed lines),
  - Aufprallstriche, Aufprallsterne, Spritzer u. Ä.,
  - Aktionswölkchen,
  - Phasenverschiebung einzelner Körperteile.

WERKBETRACHTUNG

- Schülerarbeiten
- ausgewählte Abbildungen aus Comics

GRAFIK | SPINNENBAUTEN UND SPINNENNETZE | KLASSE 3-4

ZIELVORSTELLUNG

Ein Spinnenbau bzw. ein Spinnennetz soll möglichst Format füllend dargestellt werden. Dabei kann auch eine Spinne und/oder ein gefangenes Tier einbezogen werden.

MATERIAL

- DIN-A4- oder DIN-A3-Blatt weiß oder getönt oder alternativ ein dunkelfarbiges Tonpapier
- Holzfarbstifte oder Filzstifte bei kleinem Format, Wachsstifte oder Ölkreiden bei DIN-A3-Format
- eventuell Lineal

ARBEITSWEISE (Einzelarbeit)

1. Zuerst wird möglichst groß ein „Grundgerüst“ (Astgabel, Geäst oder Pflanze) gezeichnet.
2. In das Grundgerüst wird nach und nach der Bau bzw. das Netz eingezeichnet.
3. Ergänzend können die Spinne, das gefangene Tier oder Pflanzenteile gezeichnet werden.

ZEITAUFWAND

mindestens 30 Minuten

HINWEISE/TIPPS

- Betrachten/Erörtern von Spinnenbauten (z. B. Feenlämpchen) oder Spinnennetzen in natura oder anhand von Abbildungen (Folien, Dias, Abbildungen).
- Konstruktionsformen erörtern und zum Teil zeichnerisch nachvollziehen.
- Konkretes Herstellen eines Baus mit einer Astgabel und Schnüren (siehe Arbeitsbereich Plastik/Raum).

WERKBETRACHTUNG

- Schülerarbeiten
- Spinnenbauten und Spinnennetze (Diaserie, Abbildungen in Biologiebüchern und Lexika)

GRAFIK	ENTWURF FÜR EIN GLASFENSTER*	KLASSE 3-4

ZIELVORSTELLUNG	Ausgehend von bunten Kirchenglasfenstern mit Fassung einzelner Farbteile sollen grafische Entwürfe für ein „modernes“ (Kirchen-) Fenster hergestellt werden.
MATERIAL	- Probeblatt, weicher Bleistift, Radiergummi - DIN-A4-Blatt, mittlerer bis dicker Filzstift - Kopiervorlage (S. 149)
ARBEITSWEISE (Einzelarbeit)	1. Betrachten von alten und gegebenenfalls auch modernen Kirchenfenstern. Alternativ: Abbildungen, Dias, Folien. 2. Erkennen des Herstellungsprinzips, siehe auch Butzenscheiben und farbige Tiffany-Glasprodukte. 3. Skizzieren eines individuellen Kirchen- oder Schmuckfensters (möglichst für spezielle Architektur) mit gegenständlichen und/ oder ornamentalen Formen. 4. Übertragen des Entwurfs auf ein DIN-A4-Blatt. Die Fassungen werden möglichst dick mit Filzstift umrandet.
ZEITAUFWAND	mindestens eine Unterrichtsstunde
HINWEISE/TIPPS	- Die Flächen sollten nicht zu klein gewählt werden (minimal Fingernagelgröße). - Der fertige Entwurf kann auf DIN A3 vergrößert (kopiert) und mit Wasserfarben bemalt werden. An den schwarzen Stegen perlt die Farbe ab. - Kann man nicht vergrößern, können die Farbflächen mit Farbholzstiften möglichst durch gleichmäßiges Schraffieren sorgfältig ausgemalt werden. Wer möchte, kann zum Schluss auf der Rückseite dosiert etwas Speiseöl aufbringen. Das verleiht dem Entwurf eine gewisse Transparenz. - Historische Aspekte (Glasherstellung), inhaltliche Aspekte (Darstellungen, Schmuckformen) und Raumwirkungen durch Buntglaskirchenfenster.
WERKBETRACHTUNG	- Schülerarbeiten - Kirchenfenster im Original (Lerngang) - Kirchenfenster auf Abbildungen, Dias, Folien; Mittelalterliche Glasmalerei, z. B. Unbekannter Meister: Maria mit dem Christuskind, auf Farbfolie (Neckar Verlag)

* *Zu diesem Kapitel finden Sie eine Kopiervorlage auf Seite 149*

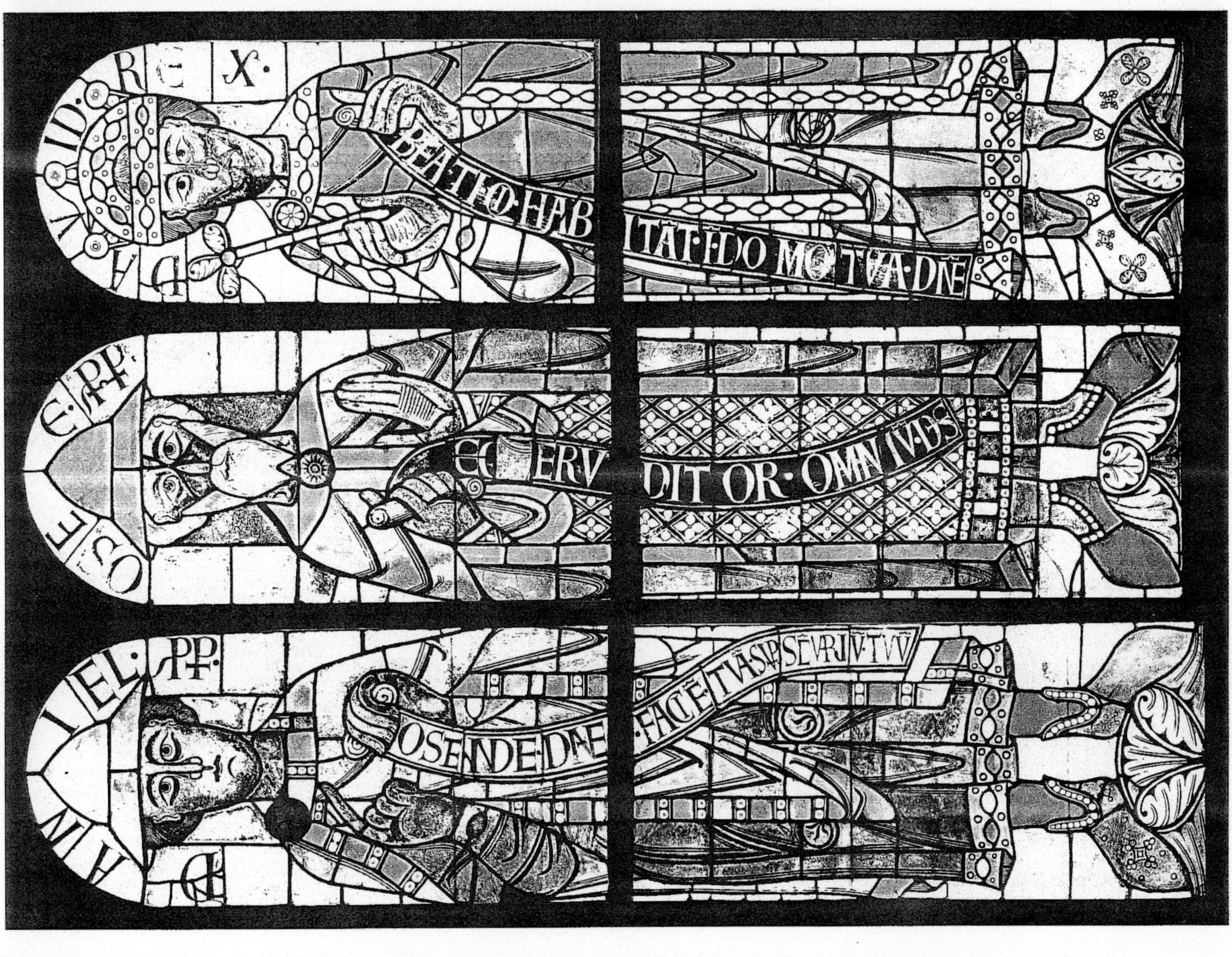
DAVID · REX
OSEE PP
DANIEL · PP

ZIELVORSTELLUNG

In eine selbst hergestellte oder vorgegebene Fantasielandschaft werden Brücken und Stege „gebaut". Für den „Bau" sollen bekannte aber auch eigene Konstruktionsprinzipien übernommen werden. Mehrere Umsetzungstechniken können angewandt werden.

MATERIAL

- Zeichenblock DIN-A4- oder DIN-A3-Format, alternativ: schwarzes oder dunkelfarbiges Tonpapier
- Wasserfarben (Schwarz oder Weiß), Borstenpinsel, eventuell etwas angerührter Tapetenkleister
- schwarzer Holzfarbstift, Kugelschreiber, eventuell auch Filzstifte bei DIN-A4-Format, schwarzer Wachsstift, schwarze Ölkreide bei DIN-A3-Format
  - Alternative 1: Pappstücke (für Pappkantendruck)
  - Alternative 2: Schmale Papierstreifen, Schere, Klebstoff/Klebestift
- Bildbeispiele aus Technik und Umwelt

ARBEITSWEISE (Einzelarbeit)

1. Betrachten und Erörtern von unterschiedlichen Konstruktionsprinzipien.
2. Auswahl/Vorgabe des Formats und der Zeichen- bzw. Herstellungstechnik.
3. Herstellen einer (tief zerklüfteten) Landschaft mit einer oder mehreren Überbrückungsmöglichkeit(en).
4. Herstellung einer Schwarz-Weiß- oder einer Weiß-Schwarz-Zeichnung bzw. einer kombinierten Zeichnung (Drucken, Kleben).

ZEITAUFWAND

mindestens eine Unterrichtsstunde

HINWEISE/TIPPS

- Exemplarisches Erörtern und Fixieren grundlegender Konstruktionen (Lerngang/Fotos: Brückenkonstruktionen, Hochspannungsmasten, Kran u. Ä.).
- In weiteren Aufgaben, als zeitlich begrenzte Differenzierungsarbeit oder als freiarbeitsorientierte Thematik, können andere Varianten auch in unterschiedlichen Techniken (s. o.) bearbeitet werden, auch Brücken- oder Turmeinstürze.
- Das Bild könnte durch Personen, Autos u. Ä. weiter ausgestattet/belebt werden (Zeichnung, Bildmontagen).

WERKBETRACHTUNG

- Schülerarbeiten
- Brückenkonstruktionen, Eiffelturm u. Ä.
- Kunstbeispiel:
  Delaunay: Eiffelturm (Necker Verlag)

GRAFIK	IM WELTRAUM SCHWIRRT EINIGES HERUM	KLASSE 3-4

ZIELVORSTELLUNG	Erproben von unterschiedlichen Zeichen- und Maltechniken. Hier werden auf einem schwarzen Bildgrund unterschiedliche Techniken erprobt und angewandt. Die motivische Einbindung lässt unterschiedliche Ausstattungen zu.
MATERIAL	- schwarzes oder dunkelblaues Tonpapier circa DIN-A3-Format - weiße Farbe/Dispersionsfarbe, Borstenpinsel, dünnes Kunststoffstück (Teigschaber, Eiskratzer, Geodreieck u. Ä.), eventuell auch Spritzsieb - weißer Holzfarbstift - eventuell Zuckerkreide (in Zuckerwasser eingelegte bunte Tafelkreide)
ARBEITSWEISE (Einzelarbeit)	1. Abdecken der Tische. Weiße Farbe wird mit dem Pinsel oder dem Spritzsieb dosiert aufgebracht. Es sollten kleine und große Farbpunkte, aber keine Farbpfützen entstehen. 2. Die Farbpunkte sollten einige Minuten antrocknen, dann wird die noch nicht eingetrocknete Farbe kometenartig mit dem Schaber verzogen. 3. Mit weißem Stift werden kleine Satelliten, Raumschiffe, Astronauten, Weltraum(schrott)teile u. Ä. eingezeichnet. 4. Eventuell zusätzliche aber sparsame Überarbeitung mit Zuckerkreiden.
ZEITAUFWAND	mindestens eine Unterrichtsstunde
HINWEISE/TIPPS	- Alternativ hierzu können auch schwarz-weiße oder farbige Bildteile eingeklebt werden. - Übertragung der Technik auf andere Themenbereiche. - Aspekte der Raumfahrt, Gefahren durch Weltraumschrott u. Ä.
WERKBETRACHTUNG	- Schülerarbeiten

GRAFIK	BERG- UND FELSENBILD	KLASSE 3-4

ZIELVORSTELLUNG	Erproben von unterschiedlichen Zeichen- und Maltechniken. Hier werden auf einem leicht eingekleisterten Bildgrund unterschiedliche Zeichen-, Kratz- und Schabtechniken erprobt. Anschließend wird die Aufgabe motivisch eingebunden, wobei unterschiedliche Themenstellungen denkbar sind.
MATERIAL	- DIN-A4- bis DIN-A3-Malblock - angerührter Tapetenkleister, großer Borstenpinsel, Malerpinsel, Lappen - schwarze Dispersionsfarbe, Hölzchen, Pappstreifen - Zeichenstifte für motivische Ergänzungen
ARBEITSWEISE (Einzelarbeit)	1. Abdecken der Tische. Sie geben jedem Kind etwas Kleister auf den Malblock, der dann möglichst dünn auf der Blattfläche verteilt wird. Die Dispersionsfarbe kann in Joghurtbechern (Gruppentische) zur Verfügung gestellt werden. 2. Kurzes Erproben der möglichen „Zeichentechniken". Wenn sich das Blatt bereits zu stark gewellt hat, sollte für die anschließende Aufgabe ein neues Blatt verwendet werden. 3. Aufgrund der Erprobungsphase können sich auch andere Motivansätze ergeben.
ZEITAUFWAND	mindestens 30 Minuten
HINWEISE/TIPPS	- Stellenweise kann auch mit einer kleinen Farbwalze darübergewalzt werden. Es entstehen oft schlierenartige Gebilde wie bei einem Farbabzugsverfahren (Decalcomanie). - Das Bild auf dem Block trocknen lassen! - Je nach Motivwünschen und Motivvorstellungen können nach dem Trocknen Bergsteiger, Wanderer, Seilbahnen, Berghütten, Tiere u. Ä. eingezeichnet werden.
WERKBETRACHTUNG	- Schülerarbeiten

ZIELVORSTELLUNG	Denkmäler oder Gebäude müssen ab und zu renoviert werden. Dazu müssen sie eingerüstet werden. Auf den Gerüsten arbeiten viele Menschen. Nachdem die SchülerInnen in der Lage sind, menschliche Figuren etwas differenzierter zu zeichnen, können Beziehungen und Gegebenheiten prägnanter dargestellt werden.
MATERIAL	- Zeichenblock DIN A3 (Hoch- oder Querformat) - Bildausschnitt (Gebäude, Denkmal) aus Illustrierten, Kalendern, Postern oder (unterschiedliche) Kopiervorlagen. Alternativ hierzu könnten Bauruinen auch aus grauen Tonpapieren gerissen und geschnitten werden ... - Schere, Klebstoff - Lineal, schwarzer Holzfarbstift, Kugelschreiber oder Filzstift
ARBEITSWEISE (Einzelarbeit)	1. Berichte und Erfahrungen von (örtlichen) Renovierungen. Ein großer Aufwand (Gerüstbau) zur Absicherung ist erforderlich. 2. Ausschneiden und Aufkleben des Baus/Denkmals, eventuell Andeuten der Umgebung (Landschaft) auch mit Holzfarbstiften. 3. Konstruktion des Gerüsts. Dazu darf ein Lineal oder ein Geodreieck benutzt werden. 4. Einzeichnen der zahlreichen fast ameisenkleinen Stricharbeiter.
ZEITAUFWAND	mindestens 60 Minuten
HINWEISE/TIPPS	- Grundlegende Darstellungsweisen menschlicher Gestik/Körperhaltung sollten bekannt und zumindest ansatzweise erprobt sein. - Die kleinen Strichmenschen können anschließend etwas dicker gezeichnet, mit einem Helm und mit unterschiedlichem Handwerkszeug ausgestattet werden. - Übertragung auf andere Situationen und Umgebungen ist möglich.
WERKBETRACHTUNG	- Schülerarbeiten

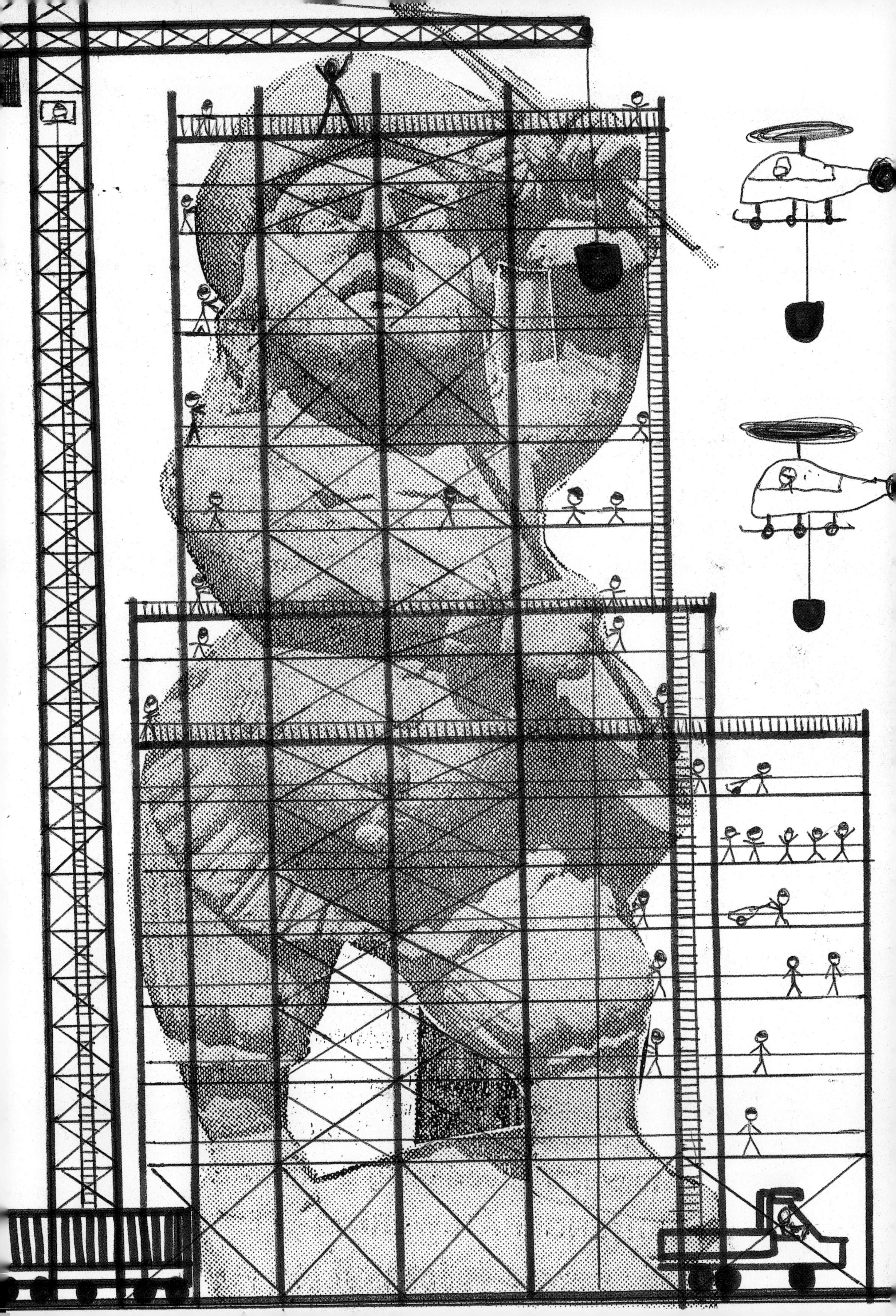

GRAFIK	AKROBATEN UND ARTISTEN	KLASSE 3–4

ZIELVORSTELLUNG

Im freien und gezielten Umgang mit grafischen Mitteln werden deren Wirkung und Anwendungsmöglichkeiten erfahren. Hier soll die Linie als grafisches Gestaltungsmittel zur Darstellung von Umrissen eingesetzt werden. Ausgangspunkte könnten einfache Umrisszeichnungen künstlerischer und nichtkünstlerischer Art sein.

MATERIAL

- Schreibmaschinenpapier (DIN-A4-Format), Bleistift, eventuell Radiergummi
- schwarzer Holzfarbstift, Kugelschreiber oder Filzstift
- OHP/Folienstift oder Tafel/Kreide

ARBEITSWEISE
(Einzelarbeit)

1. Präsentation z. B. der Calder Plastik als Folie mit dem OHP. Nach dem Besprechen des Bildinhalts und der Machart werden Darstellungsbereiche im Artistenmillieu erörtert und kurz mögliche Darstellungsweisen demonstriert/erprobt.
2. Entwickeln und Darstellen eigener Ideen.
3. Ausstellung/Präsentation mit exemplarischen Besprechungen.

ZEITAUFWAND

mindestens 30 Minuten

HINWEISE/TIPPS

- Einlinienzeichnung (Zeichnung aus einer Linie heraus, möglichst ohne abzusetzen).
- Ein- und Mehrdeutigkeit von Umrissen. (Was könnte ein einfacher Kreis, ein Quadrat oder ein Dreieck „in Wirklichkeit" sein?)
- Bekannte und unbekannte Umrisse (z. B. Maggi-Flasche, Freiheitsstatue in New York, Eiffelturm in Paris, Düsenjäger, U-Boot, Feuerwehrauto, Verkehrszeichen, Logos usw.).
- Konkretes Umfahren von Umrissen.
- Erraten von prägnanten Umrissfiguren durch Abtasten (Blinde Kuh, Memory u. Ä.).

WERKBETRACHTUNG

- Kunstwerke:
  Calder: Die Messing-Familie (Drahtplastik, Kunstdruck Meisterwerke der Kunst, Neckar Verlag)
  Steinberg: Zeichnungen, z. B. Mann mit Hund
  Klee: Monolog des Kätzchens (Kunstdruck Meisterwerke der Kunst, Neckar Verlag)
- Schülerarbeiten

Calder: Messing-Familie

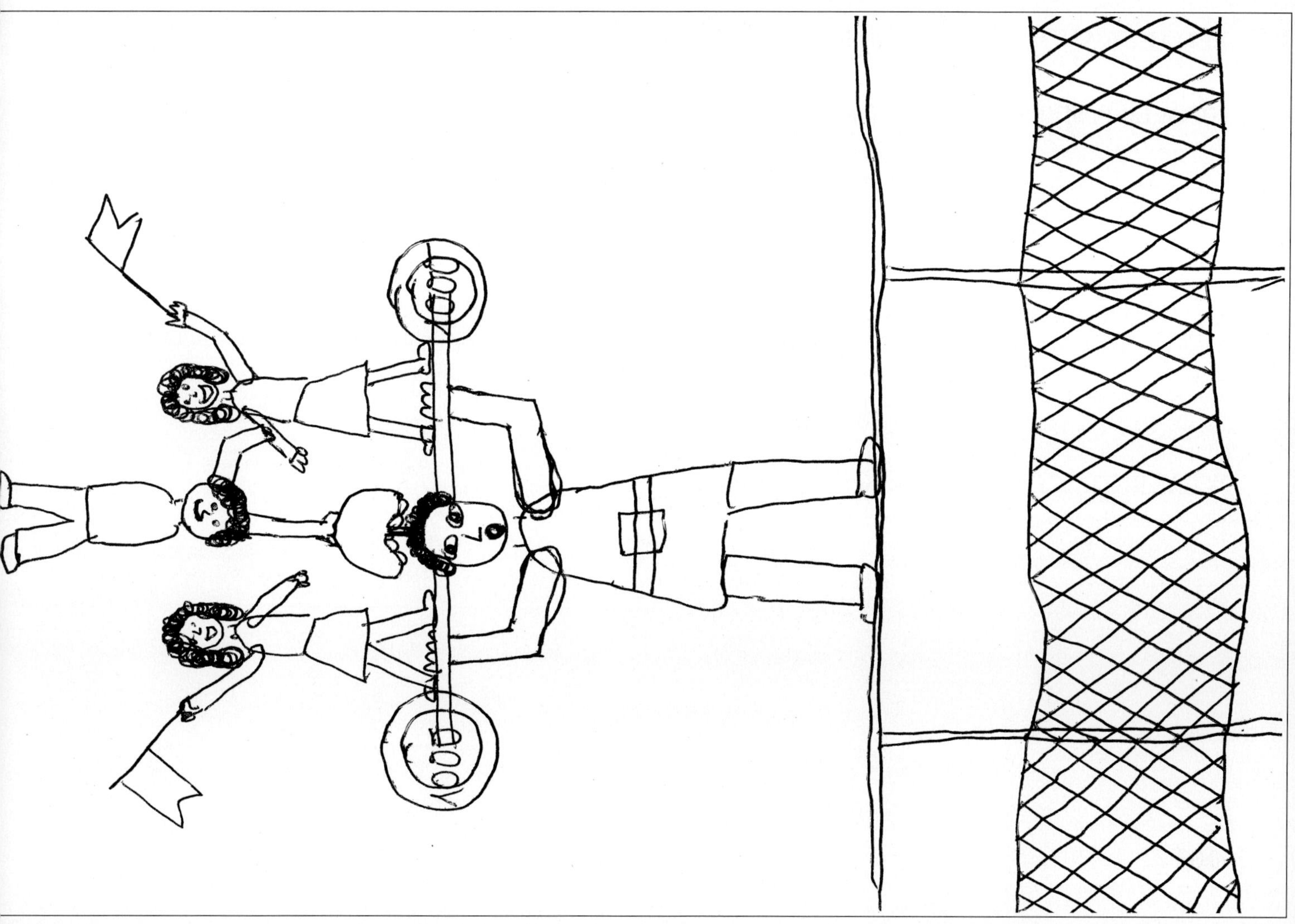

GRAFIK	ICH SEHE ETWAS, WAS DU NOCH NICHT SIEHST	KLASSE 3-4

ZIELVORSTELLUNG	Durch freies, spielerisches Aufzeichnen von Linien entsteht ein zufälliges Liniengeflecht, in dem bei längerem und genauerem Hinsehen Figuren erkannt werden können. Erkannte Figuren werden anschließend grafisch hervorgehoben.
MATERIAL	- Zeichenblock DIN A4 bis DIN A3, Bleistift oder Kugelschreiber - schwarzer Holzfarbstift
ARBEITSWEISE (Einzelarbeit)	1. Mit oder ohne Musik werden ausgiebige Linienspaziergänge unternommen. Sie gehen kreuz und quer über das Blatt, man kann auch einmal kurz die Augen schließen. Durch vielfältige Überschneidungen entsteht ein mehr oder weniger dichtes Liniengeflecht. 2. Durch Anregungen zum genauen Hinsehen, eventuell durch eine kleine selbst gefundene Motivationsgeschichte gehen die SchülerInnen auf Figurensuche. 3. Gefundene Figuren werden hervorgehoben, z. B. durch Umfahren des Umrisses mit einem dickeren Stift oder durch leichtes Abdunkeln der Figur mit Bleistift.
ZEITAUFWAND	mindestens 20 Minuten
HINWEISE/TIPPS	- Die Aufgabe kann im Rahmen einer Abfolge „Erproben und Experimentieren mit Linien“ erfolgen. - Entstandene Figuren könnten ausgeschnitten und als ungewöhnliche Schattenspielfiguren verwendet werden. - Die Linienspaziergänge dauern mindestens 5 und maximal 10 Minuten. - Es kann versucht werden, mit kleinen und gezielteren Linienspaziergängen einen Menschen, ein Tier oder einen Gegenstand darzustellen.
WERKBETRACHTUNG	- Schülerarbeiten

GRAFIK	ZWEI- UND MEHRLINIENZEICHNUNG	KLASSE 3-4

ZIELVORSTELLUNG

Hier sollen die Linien als grafisches Gestaltungsmittel zur freien Darstellung von Formen und Figuren und von Bewegung eingesetzt werden.

MATERIAL/WERKZEUG

- Schreibmaschinenpapier (DIN-A4-Format) und Filzstifte, Kugelschreiber, Holzfarbstifte oder Bleistifte; alternativ: DIN-A3-Zeichenblock mit Ölkreiden oder Wachsstiften
- OHP/Folienstifte oder Tafel/Kreiden (zur Demonstration)

ARBEITSWEISE
(Einzelarbeit)

1. Herstellen/Präsentation von Zwei- und Mehrlinienzeichnungen. Erörterung der Arbeitsweise (zwei Stifte werden in einer Hand gehalten und gemeinsam geführt) und deren Aussagekraft (Eindeutigkeit und Mehrdeutigkeit von Figuren, Formen, Umrissen sowie Dynamik).
2. Kurze Erprobungsphase.
3. Ideenfindung und Umsetzung.
4. Ausstellung/Präsentation mit exemplarischen Besprechungen.

ZEITAUFWAND

mit Erprobung mindestens 30 Minuten

HINWEISE/TIPPS

- Das Liniengefüge kann zum Schluss grafisch oder farblich ausgedeutet werden.
- Zur Ausdeutung können auch Bilder oder Figuren aus Tonpapier ausgeschnitten und hineingeklebt werden.
- Die Formgebilde können auch als Grundlage für eine schmuckhafte Ausgestaltung (Muster) verwendet werden.

WERKBETRACHTUNG

- Schülerarbeiten
- Kunstwerke mit grafischen Bewegungsspuren

GRAFIK	FORSCHER/IN ENTDECKT EIN TIER	KLASSE 3-4

ZIELVORSTELLUNG

Diese Arbeit ist als differenzierende Arbeit oder als Auswahlarbeit (Freiarbeit) gedacht, bei der die SchülerInnen ein Tier Format füllend nach einer Forscherbeschreibung zeichnen. Sie setzt voraus, dass Informationen aus einem Text entnommen und umgesetzt werden können.

MATERIAL

- Unterschiedliche Tierbeschreibungen zur Auswahl (siehe Arbeits- und Kopierbeispiele)
- Papiere (weißes oder getöntes Schreibmaschinenpapier, Packpapier, helles Tonpapier, im DIN-A6-, DIN-A5- oder DIN-A4-Format)
- schwarzer Kugelschreiber, schwarzer Holzfarbstift, Füller, weicher Bleistift oder Filzstift

ARBEITSWEISE (Einzelarbeit)

Ihre SchülerInnen können die Aufgaben durchlesen und auswählen oder es werden Aufgaben nach dem Zufallsprinzip zugeteilt. Es muss bekannt sein, dass die Figur möglichst **Format füllend** auf das Blatt gebracht wird und der Beschreibung entsprechend **vielfältige, arteigene Texturen** aufweisen sollte.

ZEITAUFWAND

ist mitunter vom Format und vom Zeichenmaterial abhängig; schnelle ZeichnerInnen schaffen die Aufgabe in 20 Minuten

HINWEISE/TIPPS

- Tierbeschreibungen mit drei bis fünf besonderen Merkmalen (grundlegende Körperform und Besonderheiten) könnten auch im Deutschunterricht formuliert werden.
- Eine kurze Vorzeichnung der wichtigsten Formen mit Bleistift ist erlaubt. Nicht zu stark aufdrücken!
- Eventuell Lesen und „Übersetzen" des Textes über dem Rhinozeros-Blatt von Albrecht Dürer. Dürer soll nämlich das Tier nur nach einer Beschreibung gestaltet haben, ohne es gesehen zu haben.
- Forschergeschichten (Deutsch).
- Entdeckungen, Expeditionen (Heimat- und Sachunterricht).

WERKBETRACHTUNG

- Schülerarbeiten
- Tierdarstellungen, Höhlenzeichnungen
- Kunstbeispiele:
  Dürer: Rhinozeros (Neckar Verlag) und andere Tiergrafiken

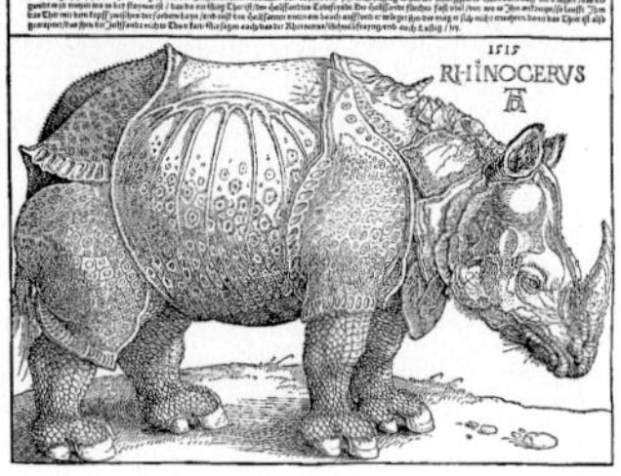

Dürer: Rhinozeros

Der
Rüsselkrallenhaar-
schuppenfisch

ZIELVORSTELLUNG

Zu einer vorgegebenen oder selbst gezeichneten Figur wird eine Umgebung gezeichnet. Dabei soll die Umgebung so gestaltet werden, dass die Figur in ihr quasi verschwindet oder aber im umgekehrten Fall stark auffällt.

MATERIAL

- Schwarz-Weiß-Abbildung oder Fotokopie einer grafischen Figur (max. Handgröße bei einem DIN-A4-Format)
- eventuell Schere, Klebstoff/Klebestift
- schwarzer Kugelschreiber, Holzfarbstift, weicher Bleistift

ARBEITSWEISE

1. Zeichnen einer Figur, Vorgabe oder Auswahl einer Abbildung.
2. Eventuell Aufkleben einer ausgeschnittenen Figur auf ein DIN-A4-Blatt.
3. Zeichnen des Hintergrundes nach gewünschter Wirkungsabsicht: Verbergen oder Hervorheben der Figur.

ZEITAUFWAND

mindestens 30 Minuten

HINWEISE/TIPPS

- Vergleiche zum Arbeitsbereich Farbe (Hervorheben - Verbergen).
- Einfache Versuche mit kontrastreichen oder konstrastarmen Mustern und Rastern, wie z. B. mit Längs- und Querstreifen (Richtungskontraste), Hell-Dunkel-Kontrasten sowie Groß-Klein-Kontrasten und Formkontrasten (rund - eckig).
- Herstellen eines Bildes mit drehbarer Figur. Sie brauchen dazu eine Figur, einen Bildgrund, eine Schere und eine Musterklammer.
- Der Einsatz unterschiedlicher Vorlagen (Auswahlmöglichkeiten) bringt abwechslungsreiche Lösungen.

WERKBETRACHTUNG

- Schülerarbeiten
- Grafiken mit schwachen oder starken Kontrasten
- Kunstbeispiele:
  Bosch: Der Baummensch in der Landschaft (Neckar Verlag)
  Von Menzel: Bärenzwinger (Neckar Verlag)

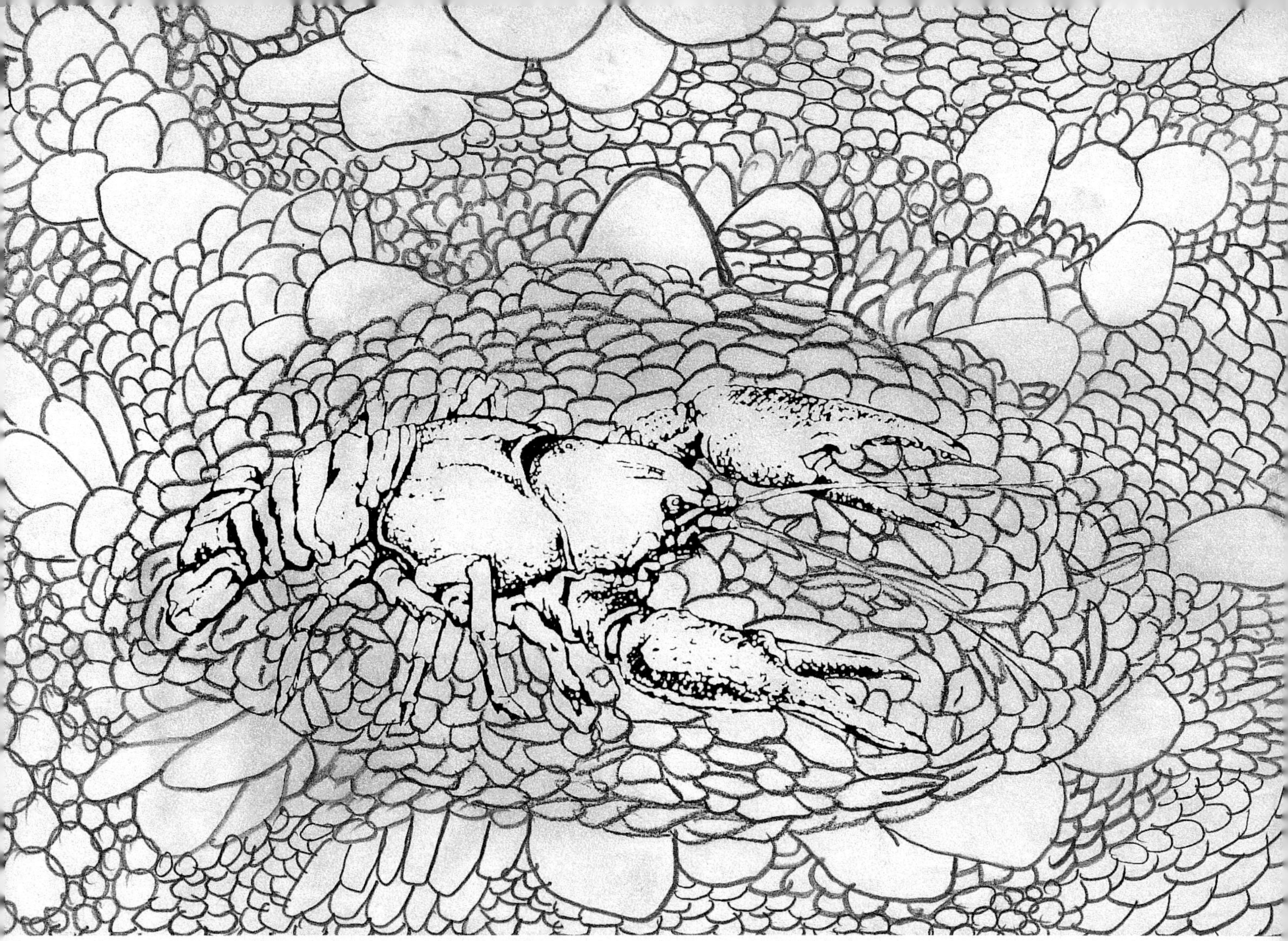

ZIELVORSTELLUNG

Bei sehr vielen Dingen des täglichen Lebens bleibt uns der Einblick in das Innenleben verwehrt. Haut, Fell, Blech oder Kunststoff schützen die darunter liegenden Teile. Manche Dinge werden durchsichtig, indem ihnen ein eigenes Innenleben gegeben wird. Das Zeichnen des Innenlebens kann sich an realen Dingen orientieren, soll aber auch unerwartete und witzige Bildlösungen beinhalten.

MATERIAL

- geeignete Abbildungen ca. DIN-A4-Format
- farbige Holzfarbstifte, Kugelschreiber, eventuell auch Filzstifte

ARBEITSWEISE

1. Bildbetrachtung/Objektbetrachtung: Innenleben von Geräten, Maschinen, Autos, Menschen, Tieren, Pflanzen usw.
2. Aufgabenstellung: Erfinde und zeichne ein nicht erwartetes Innenleben!
3. Auswahl einer Form/Abbildung.
4. Hineinzeichnen des unerwarteten Innenlebens.
5. Bildbetrachtung Schülerarbeiten, auch Kunstbeispiel.

ZEITAUFWAND

mindestens 30 Minuten

HINWEISE/TIPPS

- Infoblätter/Infoposter mit Einblicken auf „Innenleben" zusammenstellen (lassen).
- Sammeln und Notieren von möglichen technischen und biologischen Bestandteilen (Zahnräder, Blutadern, ...).
- Geschichten, die sich mit ungewöhnlichem Innenleben beschäftigen (Trojanisches Pferd, Im Magen eines ...).
- Zerlegen von ausgedienten technischen Kleingeräten.
- Bildwitze.

WERKBETRACHTUNG

- Schülerarbeiten
- technische Prospekte (Autos, Motoren und Maschinen)
- Abbildungen aus Biologiebüchern und Lexika
- Kunstbeispiele von Bernhard Jäger: z. B. „Aus der Familie der Eisenfresser" u. a. (Katalog- und Prospektabbildungen)

Bernhard Jäger: Aus der Familie der Eisenfresser

GRAFIK	HAARE FLATTERN IM WIND	KLASSE 3-4

ZIELVORSTELLUNG

Flatternde Haare geben den Eindruck von Bewegung wieder, Bewegung wird sichtbar gemacht.

MATERIAL

- DIN-A3- bis DIN-A4-Blatt
- schwarze/r Wachsstift, Ölkreide, Kugelschreiber und/oder dunkelfarbige Holzfarbstifte

ARBEITSWEISE

1. Zeichnen mehrerer Gesichter.
2. Einzeichnen der flatternden Haare. Dabei ist darauf zu achten, dass auch einzelne Haare gezeichnet werden und nicht flüchtig gekritzelt wird.

ZEITAUFWAND

mindestens 40 Minuten bei sorgfältiger Ausführung

HINWEISE/TIPPS

- Grafische Veränderungen von Menschen unterschiedlicher Art (Sonnenbrille, Bart, Zahnlücke, Bartstoppeln, Pflaster und Ringe im Gesicht usw.).
- Bei dieser Aufgabe kommt zu den möglichen Veränderungen die Bewegung hinzu. Lange Haare flattern natürlich besser als kurze. Je nach Windrichtung, auch Windwirbel sind denkbar, verdecken sie das Gesicht oder flattern seitlich, nach oben oder nach hinten.
- Bei DIN-A4-Format möglichst Kugelschreiber oder Holzfarbstifte, bei DIN-A3-Format Wachsstifte oder Ölkreiden verwenden.

WERKBETRACHTUNG

- Schülerarbeiten
- Grafiken mit dynamischen Bewegungsspuren, z. B. Leonardo: Wasserbewegungsstudien (Neckar Verlag)

Leonardo: Wasserbewegungsstudie

ZIELVORSTELLUNG	Frisuren können Gesichter prägen, Frisuren können aber auch Gesichter verändern. Durch die mehrfache Vorgabe eines Gesichts können diese Veränderungen selbst vorgenommen und nachvollzogen werden. Für die praktische Umsetzung ist wichtig, dass die Haare als gut voneinander unterscheidbare Linien dargestellt werden.
MATERIAL	- vom Lehrer gestaltete Kopiervorlage DIN A4 mit Köpfen, ohne Haare - schwarzer Kugelschreiber oder gut gespitzter schwarzer Holzfarbstift bzw. Bleistift
ARBEITSWEISE (Einzelarbeit)	Zeichnen der Haare nach eigenen Vorstellungen und Erfahrungen oder nach den schriftlichen Hinweisen.
ZEITAUFWAND	mindestens 30 Minuten
HINWEISE/TIPPS	- Diese Arbeit kann sowohl im Klassenverband als auch als Arbeit zwischendurch (zeitliche Differenzierung) oder als Teil einer freiarbeitlich orientierten Unterrichtsphase genutzt werden. - „Haarige" Geschichten und Wünsche nach Veränderungen. - Normale und extreme Haarmoden früher, heute und in Zukunft. - Sorgfältiges Arbeiten ist erforderlich. Es sollen einzelne Haare gezeichnet, also nicht gekritzelt oder schraffiert werden.
WERKBETRACHTUNG	- Schülerarbeiten - Haarmoden früher und heute (Illustrierte, Lexika) - Kunstbeispiele: verschiedene Grafiken von Dürer, Jansson, Dittrich usw.

ZIELVORSTELLUNG

Aus jeweils zwei grafischen Einzelfiguren soll eine neue Einzelfigur entwickelt werden. Dabei geht es nicht nur um einen Austausch des vorderen oder hinteren Teils, wie Sie es vielleicht aus anderen Beispielen kennen, sondern um das Zusammenfügen mehrerer Teile zu einer neuen Figur.

MATERIAL

- jeweils zwei unterschiedliche Bildvorlagen (Fotokopien)
- Schere, Klebstoff/Klebestift
- DIN-A4- oder DIN-A3-Blatt weiß, getönt oder farbig

ARBEITSWEISE
(Einzelarbeit)

1. Die beiden Vorlagen betrachten, Gestaltungsmöglichkeiten überlegen und einzelne Teile ausschneiden.
2. Die Figur probeweise auf dem Blatt auslegen.
3. Die Figur aufkleben.

ZEITAUFWAND

mindestens 30 Minuten

HINWEISE/TIPPS

- Bei der Auswahl der Figuren auf Unterschiede achten: Kombinationen von Maschinen, Tieren, Pflanzen, Menschen und anderen Gegenständen sind möglich.
- Die zu kombinierenden Figuren sollten etwa die gleiche Größe besitzen.
- Die Aufgaben können bei nicht sehr komplizierten Umrissen und kleinem Format auch als zeitlich begrenzte Differenzierungsaufgaben oder als freiarbeitsorientierte Aufgaben eingesetzt werden.
- Die neue Figur kann eventuell zusätzlich grafisch überarbeitet werden (schwarzer Kugelschreiber, Holzfarbstift oder Filzstift).
- Kombinations- und Veränderungsgeschichten.

WERKBETRACHTUNG

- Schülerarbeiten
- eventuell Illustrationen von kombinierten Bildern aus Geschichten u. a. Texten

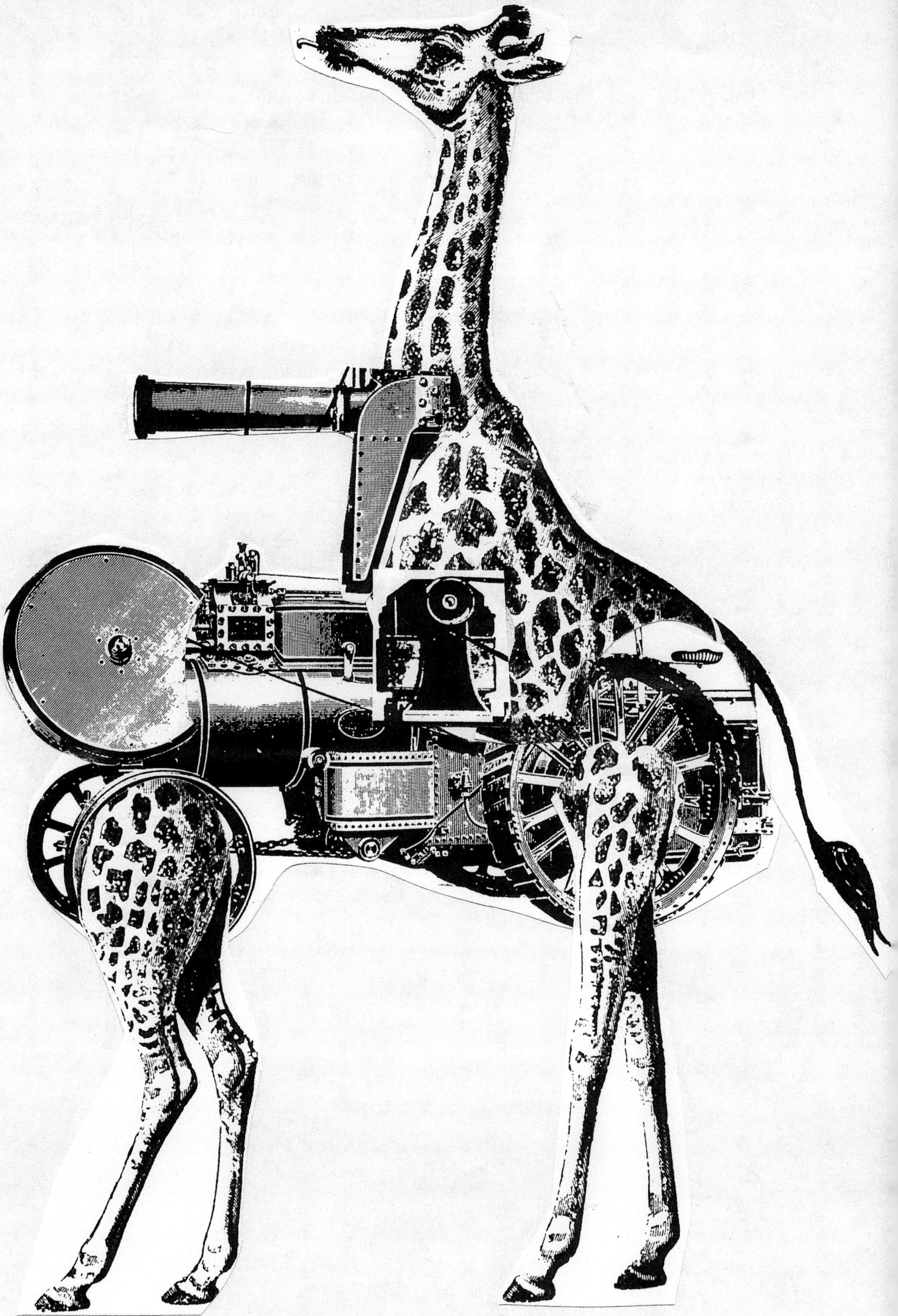

GRAFIK	WAS KOMMT DENN DA HERAUS?	KLASSE 3-4

ZIELVORSTELLUNG

Zum einen soll eine möglichst große, grafisch differenzierte Figur (Tier, Mensch, Pflanze, Gegenstand oder Mischwesen) entwickelt werden, zum anderen soll eine Beziehung zwischen dieser Figur und einem Ausgangspunkt hergestellt werden.

MATERIAL

- vom Lehrer vorbereitete Kopiervorlagen oder eigenes Bildmaterial für Ausgangssituationen (Kataloge, Prospekte) im DIN-A4-Format
- Bleistift, Kugelschreiber und/oder Holzfarbstifte

ARBEITSWEISE (Einzelarbeit)

1. Wahl einer Kopiervorlage oder Ausschneiden und Aufkleben eines selbst gewählten Bildausschnitts.
2. Ergänzen der Bildvorlage mit einer grafisch differenziert gezeichneten Figur.

ZEITAUFWAND

mindestens 20 Minuten

HINWEISE/TIPPS

- Variationen zum Thema: Was schaut denn da heraus? Was schlüpft da aus dem Ei? Was will denn da verschwinden?
- Variationen zur obigen Aufgabenstellung: Was kommt aus dem Fernsehgerät, der (Wunder)Tüte, dem Schulranzen, dem (Überraschungs)Ei, der Schachtel, dem (Zauber)Hut, dem Kanaldeckel?
- Die Arbeit kann bei einem Fundus gezeichneter oder kopierter Vorlagen auch als Differenzierungsarbeit oder als freiarbeitsorientierte Aufgabenstellung eingesetzt werden.
- Geschichten und Märchen (z. B. Geist aus der Flasche).

WERKBETRACHTUNG

- Schülerarbeiten
- Illustrationen zu Geschichten und Märchen

Werbebeispiel

ZIELVORSTELLUNG	Ein vorgegebener Bildausschnitt soll nach individuellen Vorstellungen weitergeführt werden. Dabei sollen die vorgegebenen grafischen Strukturen zunächst aufgenommen, ein Stück weit ohne „Bruch“ weitergeführt und dann individuell gestaltet werden. Diese Vorgehensweise kann sich auf einzelne Figuren, auf Figuren, die in einer Beziehung zueinander stehen, auf erprobend experimentelle Aktivitäten, auf Gruppierungsformen und Figur-Grund-Probleme beziehen.
MATERIAL	- Kopiervorlagen (siehe auch S. 150) oder von Ihnen selbst hergestellte Bildvorlagen zum Weiterführen - schwarzer Kugelschreiber, Filzstift oder Holzfarbstift
ARBEITSWEISE (Einzelarbeit)	Eine Bildvorlage auswählen und grafisch weiterführen oder eine vorgegebene Bildvorlage grafisch weiterführen. Genaues Hinsehen und eine möglichst sorgfältige Arbeitsweise ist Bedingung!
ZEITAUFWAND	richtet sich nach den jeweiligen Vorlagen, jedoch mindestens 20 Minuten
HINWEISE/TIPPS	- Eine Aufgabe für SchülerInnen, für die Anhaltspunkte wichtig sind, die eine bildhafte Orientierung sinnvoll nutzen können, die Schwierigkeiten haben, mit einem völlig leeren Blatt zu beginnen. - Die Arbeit kann gemeinsam im Klassenverband, als Differenzierungsaufgabe oder als freiarbeitlich orientierte Aufgabe eingesetzt werden. Unterschiedliche Vorlagen sollten dann zur Auswahl und Bearbeitung zur Verfügung stehen. - Die Auswahl der Zeichenstifte muss sich an der Vorlage orientieren, denn die unmittelbaren Ergänzungen sollten kaum auffallen.
WERKBETRACHTUNG	- Schülerarbeiten im Vergleich mit dem Ausgangsbild oder dem „Original“

* *Zu diesem Kapitel finden Sie eine Kopiervorlage auf Seite 150*

ZIELVORSTELLUNG

Erproben von einfachen druckgrafischen Techniken. Bei der Monotypie können Arbeiten sehr schnell und ohne großen technischen Aufwand hergestellt werden. Bildnerische Probleme (wie z. B. Bewegung sichtbar machen, Einzelfiguren oder Beziehungen darstellen) können in einem zweiten Schritt angegangen werden.

MATERIAL

- Kunststoffplatte oder stabile Folie circa DIN-A4-Größe
- wasserlösliche Druckfarbe (schwarz oder andere dunkle Farben)
- kleine Walze zum Verteilen der Druckfarbe
- einfache Werkzeuge zum Gestalten (Finger, Hölzchen, kleiner Pappstreifen, Kamm usw.)
- Schreibmaschinenpapier weiß oder getönt
- Zeitungspapier zum Abdecken der Tische, Lappen/Schwamm zum Reinigen von Walze, Platte und Zeichenwerkzeugen

ARBEITSWEISE (Einzelarbeit, Partnerarbeit)

1. Einen kleinen Strang Druckfarbe auf die Platte aufbringen und mit der Walze gleichmäßig verteilen.
2. Mit einem kleinen Pappstreifen o. Ä. unterschiedliche Bewegungsspuren ziehen bzw. mit Werkzeugen Figuren zeichnen.
3. Blatt auflegen, mit der Handfläche oder einer sauberen Walze leicht andrücken und nach oben abziehen. Blatt trocknen lassen.

ZEITAUFWAND

maximal 10 Minuten für eine Monotypie

HINWEISE/TIPPS

- Es sind bei dieser Technik vielfältige Variationen möglich. Auf die eingefärbte Fläche kann zunächst das Blatt aufgelegt und dann erst gezeichnet werden. Es kann auch zusätzlich ein größeres Illustriertenfoto oder eine Kopie aufgelegt werden. Durch Nachzeichnen der wichtigsten Umrisse/Formen entstehen oft interessante Ergebnisse.
- Scheinbar misslungene Monotypien aufbewahren. Sie können für Collagen weiterverwendet werden.
- Zum Schluss können zur Reinigung der Platte etwas Wasser aufgetropft und (vergleichbar mit dem Farbabzugsverfahren/Decalcomanie) weitere „Abzüge" hergestellt werden.

WERKBETRACHTUNG

- Schülerarbeiten

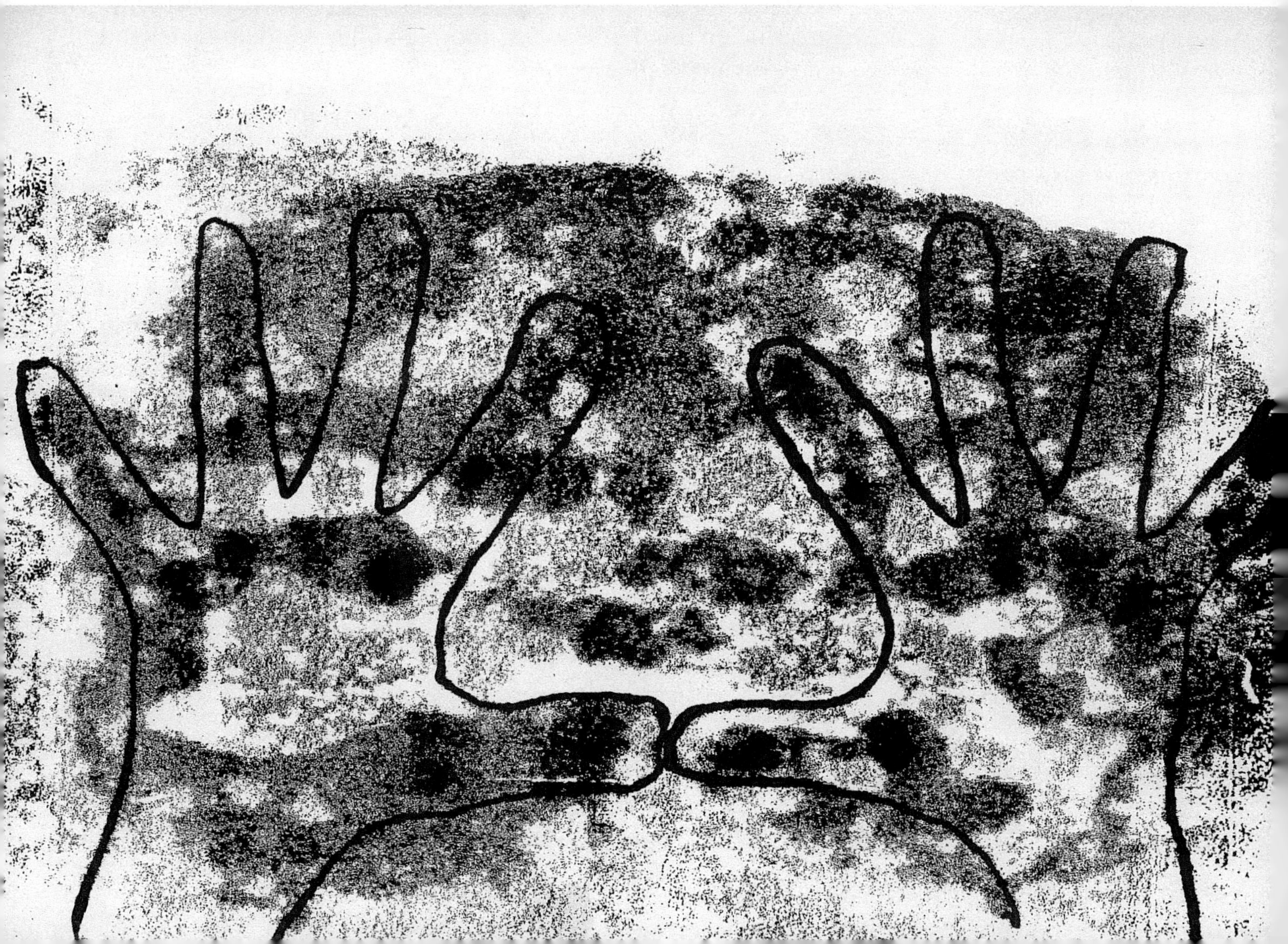

ZIELVORSTELLUNG

Erproben einer neuen Technik. Dabei wird ein weißer Farbschaum auf eine dunkle Fläche gebracht. Das Bild kann für sich stehen oder aber weiter ausgedeutet werden.

MATERIAL

- weiße Dispersionsfarbe, Wasser, Spülmittel
- Joghurtbecher, Trinkhalme, Lappen
- schwarzes oder dunkelfarbiges Tonpapier circa DIN-A3-Format
- eventuell Pappstreifen, Borstenpinsel
- eventuell Bildmaterial (schwarz-weiß), Schere, Klebstoff
- Zeitungen/Tischdecken, Schutzkleidung

ARBEITSWEISE
(Einzelarbeit)

1. Tische abdecken, Schutzkleidung anlegen.
2. Etwas fertige Farbmischung (verdünnte weiße Dispersionsfarbe mit etwas Spülmittel versetzt) in die Joghurtbecher gießen. Die Becher sollten maximal zu einem Drittel gefüllt sein. Austeilen der Trinkhalme.
3. Mit dem Trinkhalm wird vorsichtig in die Farbflüssigkeit geblasen. Kleine Spritzer lassen sich kaum vermeiden! Die Farbflüssigkeit schäumt auf und der Schaum soll mehr oder weniger zufällig auf der Blattfläche verteilt werden. Ein schnelles Verziehen des Schaumes verhindert größere Farbpfützen. Ungewollte Farbpfützen mit dem Lappen abtupfen oder mit dem Trinkhalm auf der Blattfläche verblasen.
4. Farbe vor der Weiterverarbeitung trocknen lassen.

ZEITAUFWAND

mindestens 5 Minuten für einen Versuch

HINWEISE/TIPPS

- Sie sollten mindestens zwei Versuche zulassen.
- Assoziationen zu den Farbgebilden anregen.
- Möglichkeiten der weiteren Ausdeutung an exemplarischen Beispielen erörtern.
- Weiterarbeit durch Stempel- oder Pappkantendruck.
- Weiterarbeit durch Pinselzeichnung ganz in Weiß.
- Weiterarbeit durch Bildmontagen.

WERKBETRACHTUNG

- Schülerarbeiten
- eventuell Wolkenbilder aus der Fotografie oder dem Kunstbereich

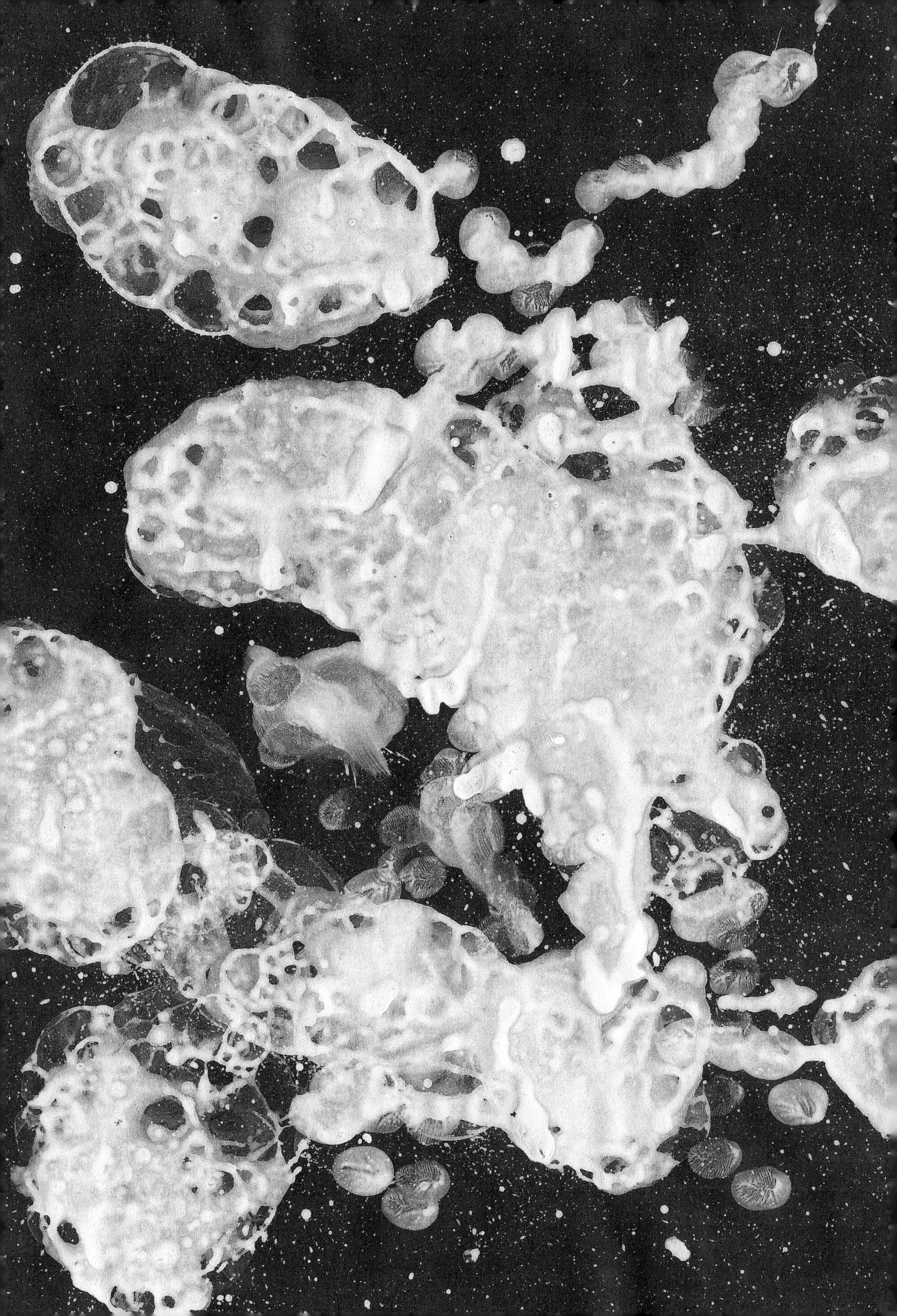

BILDER AUS RASTERFLÄCHEN

ZIELVORSTELLUNG

Aufbau einer Figur oder eines Gegenstands aus gerasterten Flächen. Diese erhält man durch entsprechende PC-Ausdrucke und anschließendes Kopieren. Es können auch kleingemusterte Geschenkpapier- oder Tapetenreste sein.

MATERIAL

- unterschiedliche Rasterbilder aus dem PC, Kopiergerät; alternativ: Geschenkpapier- und Tapetenreste mit feinster Musterung
- Zeichenblätter weiß oder getönt, Tonpapier (ca. DIN-A4- bis max. DIN-A3-Format)
- Bleistift, Radiergummi
- Schere, Klebstoff/Klebestift

ARBEITSWEISE
(Einzelarbeit)

1. Präsentieren/Austeilen von Bildmaterial, eventuell Einrichten einer kleinen Materialtheke.
2. Bildideen entwickeln (z. B. Ein ganzer Haufen Negerküsse, Eisbecher mit Sahne, Bausteinkasten – nicht ganz aufgeräumt).
3. Einzeichnen der Umrisse mit Bleistift (ohne stark aufzudrücken), Ausschneiden und Anordnen der Formen. Mögliche Überschneidungen beachten!

ZEITAUFWAND

mindestens eine Unterrichtsstunde

HINWEISE/TIPPS

- Je dünner das Bildmaterial ist, desto leichter lässt es sich ausschneiden und vor allem aufkleben.
- Tapeten eigenen sich wegen ihrer Stärke nicht für Überschneidungen.
- Die Vorgehensweise kann vor Beginn der Arbeit kurz und exemplarisch demonstriert werden.
- Diese Aufgabe ist nach der Erprobung (vor allem bei kleinen Formaten) auch als zeitlich begrenzte Differenzierungsarbeit oder als Element einer Freiarbeitsphase einzusetzen.

WERKBETRACHTUNG

- Schülerarbeiten
- eventuell Kunstbeispiele aus der „Pop Art“ (Roy Lichtenstein u. a.)

MEINE HÄNDE

ZIELVORSTELLUNG

Ausgehend von einer Fotokopie der eigenen Hände sollen die Hände in eine Beziehung zur Umgebung gesetzt werden. Dies kann durch Zeichnung und eventuell zusätzlich durch Collage und Frottage umgesetzt werden. Dabei sollten persönliche Erfahrungen mit den Händen eine wichtige Rolle spielen. Hände können etwas begreifen, etwas betasten, irgendwo aufliegen, versteckt werden, mit etwas spielen, irgendwo herausragen.

MATERIAL

- Fotokopie der eigenen Hände im DIN-A4-Format
- schwarzer Kugelschreiber oder Holzfarbstift, Bleistift, Wachsstift
- Schwarz-Weiß-Bildteile aus Zeitungen, Illustrierten usw.
- Schere, Klebstoff/Klebestift

ARBEITSWEISE (Einzelarbeit)

1. Jede/r kopiert die eigenen Hände in einer bestimmten Position. Dabei sollten die Hände mit einem weißen Tuch abgedeckt werden, um beim Kopieren möglichst helle Zeichenflächen für die Umgebung zu erhalten.
2. Zu den eigenen Händen wird eine individuell gestaltete Umgebung gezeichnet. Das können besondere Situationen aber auch gestaltete Oberflächen, Materialansammlungen, Muster oder kann etwas Fantastisches sein.
3. Neben Techniken wie der Frottage können bei Bedarf auch schwarz-weiße Collageteile eingesetzt werden.

ZEITAUFWAND

mindestens 30 Minuten

HINWEISE/TIPPS

- Die Kopierarbeit kann auch variiert werden: Auflegen, Abdecken der Hände mit gemusterten Tüchern, Auflegen von kleinen Lieblingsobjekten usw.

WERKBETRACHTUNG

- Schülerarbeiten
- eventuell Copy-Kunst

GRAFIK	LAOKOON VON SCHLANGEN UMSCHLUNGEN	KLASSE 4

ZIELVORSTELLUNG

Herstellen von besonderen Beziehungen/Beziehungsgefügen – hier zwischen mehreren Schlangen und Laokoon, eventuell auch Laokoons Söhnen. Es können auch andere Motive/Themen aus Sagen (das Innere des trojanischen Pferdes u. Ä.) aufgegriffen werden.

MATERIAL/WERKZEUG

- Schreibmaschinenpapier (DIN-A4-Format), weicher Bleistift, schwarzer Holzfarbstift oder Filzstift
- eventuell dickes Seil, Tau o. Ä.
- OHP/Folienstift oder Tafel/Kreide
- Laokoon-Plastik auf Folie

ARBEITSWEISE (Einzelarbeit)

1. Erzählen der Laokoon-Sage, Aktivierung der Vorkenntnisse.
2. Eventuell Nachstellen der Szene mit einem dicken Seil (Partnerarbeit), um Überdeckungen festzustellen.
3. Eventuell Entwickeln unterschiedlicher Schlangenmuster, um einzelne Schlangen voneinander unterscheiden zu können.
4. Sparsames Skizzieren der Laokoonfigur mit Bleistift in besonderer Pose.
5. Einzeichnen verschiedener Schlangen, die sich um Laokoon herumwinden.
6. Präsentation der Laokoongruppe.

ZEITAUFWAND

mindestens eine Unterrichtsstunde

HINWEISE/TIPPS

- Es können auch verschiedene Posen/Haltungen Laokoons nachgestellt werden.
- Als Vorarbeit könnten einige sich windende Schlangen mit unterschiedlichen Mustern gezeichnet und die entstandenen Kontrastwirkungen erörtert werden.
- Zum Schluss können bei Bedarf auch noch die sichtbaren Teile der menschlichen Figuren stärker nachgezeichnet werden.

WERKBETRACHTUNG

- Schülerarbeiten
- eventuell Illustrationen aus Sagen- und Geschichtsbüchern
- Kunstwerk:
  Hegesandros: Laokoongruppe (Neckar Verlag)

ZIELVORSTELLUNG	Einzelne Teile eines Bereichs sollen zu einer grafisch differenziert dargestellten Supermaschine kombiniert werden. Die Möglichkeiten reichen von einer Superküchenmaschine über ein unglaubliches Mehrzwecktaschenmesser bis hin zu einer Musikmaschine oder einem Kombistraßenbaufahrzeug.
MATERIAL	- Zeichenblock (DIN-A3- bis minimal DIN-A4-Format) - weicher Bleistift, schwarzer Holzfarbenstift/Buntstifte, Kugelschreiber oder Filzstifte
ARBEITSWEISE (Einzelarbeit)	1. Sammeln, Beschreiben von Kombigeräten unterschiedlicher Art (Musikanlage, Kombiküchengeräte, Mehrzwecktaschenmesser, Multifunktionsmaschinen usw.). Vor- und Nachteile von Kombigeräten. 2. Herstellen einer Zeichnung, bei der unterschiedliche Bauteile und Funktionen berücksichtigt werden. 3. Berücksichtigung/Einzeichnen von Gelenken, Schwenkarmen, Transmissionen usw.
ZEITAUFWAND	mindestens 60 Minuten
HINWEISE/TIPPS	- Individuelle Motivfindungen ermöglichen. - Fantastische Kombinationsmaschinen erfinden. - Sinn und Unsinn, Vor- und Nachteile, Konstruktionsprobleme von Kombinationsmaschinen. - Multifunktionelle Geräte benennen, beschreiben; Abbildungen und Funktionsbeschreibungen sammeln.
WERKBETRACHTUNG	- Schülerarbeiten - Prospekte, Kataloge

Super-Musikmaschine

DER EINSTURZ

ZIELVORSTELLUNG	Mithilfe von Bildvorlagen (Bildteilen/Bildausschnitten) soll ein turmartiges Gebäude collagiert werden, das von oben her zusammenstürzt. Die Sturzbewegungen sollen auch durch Bewegungsstriche und andere grafische Zeichen sichtbar gemacht werden.
MATERIAL	- minimal DIN-A4-Papier oder dunkles Tonpapier - Bildmaterial aus Zeitungen, Zeitschriften, Kalendern, Schnippelbüchern usw. - Schere, Klebstoff/Klebestift - weißer Farbstift, schwarzer Kugelschreiber oder Filzstift
ARBEITSWEISE (Einzelarbeit)	1. Bildteile ausschneiden, probeweise anordnen und zu einem turmartigen Gebäude aufkleben. 2. Im oberen Blattbereich stürzen Gebäudeteile ab, fallen herunter, schlagen unten auf. Schneiden und Reißen der Bildteile. Aufkleben in entsprechender Situation. 3. Eventuell weiteres Ausgestalten des Bildes mit Bewegungslinien, Aufprallwölkchen und anderen comicartigen Zeichen.
ZEITAUFWAND	mindestens 60 Minuten
HINWEISE/TIPPS	- Von unten nach oben bauen. Größere Gebäudeteile im unteren Teil verwenden. - Fantasie- u. a. Geschichten (Deutsch). - Die Bildmontagetechnik ist auch für andere Themenbereiche einsetzbar.
WERKBETRACHTUNG	- Schülerarbeiten - Kunstbeispiele: Brueghel d. Ä.: Turmbau zu Babel (Neckar Verlag)

ZIELVORSTELLUNG

Eine neue, meist ungewohnte Perspektive bietet sich aus der Vogelperspektive. Bei der Darstellung sind bei vielen Figuren und Gegenständen spannende „Umdenkprozesse" notwendig. Eine echte Herausforderung für Ihre SchülerInnen. Die dargestellten Dinge sollten zu einer Bildsituation geordnet/gruppiert werden.

MATERIAL

- weicher Bleistift, Holzfarbstifte oder Kugelschreiber, Radiergummi
- DIN-A4- bis maximal DIN-A3-Blatt weiß oder getönt, evtl. auch Kopiervorlagen
- Rätselbilder von oben gesehen, Drudels, Luftbildaufnahmen
- OHP und Folienstifte/Tafel und Kreide

ARBEITSWEISE (Einzelarbeit)

1. Eigene und von den SchülerInnen ge-/erfundene „Rätselbilder" (Auto, Mexikaner auf dem Fahrrad, Mutter schiebt Kinderwagen, Hausdach, Traktor u. Ä. von oben gesehen). Zeichnerische Darstellungen durch Sie und/oder durch Ihre SchülerInnen an der Tafel oder am Tageslichtprojektor. Es entsteht eine kleine Beispielsammlung, die als Anhaltspunkt und Orientierungshilfe für die eigene praktische Arbeit stehen kann.
2. Entwickeln oder Vorgabe von Bild- bzw. Darstellungsideen.
3. Eventuell Grobentwurf mit Bleistift, dann mit den gewählten Zeichenstiften.

ZEITAUFWAND

mindestens 45 Minuten bei DIN-A4-Format

HINWEISE/TIPPS

- Da es viele unterschiedliche Wünsche aber auch SpezialistInnen für bestimmte Dinge gibt, sollte die Motivstellung offen gehalten werden (Im Park, Auf dem Spielplatz, Parkplatz, Bauernhof, Neubausiedlung, Im Stadion, Ein Teil der Innenstadt, Am Badesee usw.).
- Wichtig dabei ist, dass mehrere/viele Bildelemente zu einer Situation (an)geordnet werden.
- Analysieren von ähnlich gelagerten Darstellungsarten in Bausparzeitungen, Planungsbeispiele in Haus- und Gartenzeitschriften.

WERKBETRACHTUNG

- Schülerarbeiten
- Drudels (von oben gesehen), Weltraumbilder, Architekturplanungen, Landkarten

GRAFIK	INDIANERJAGD	KLASSE 4

ZIELVORSTELLUNG	Herstellen von besonderen Anordnungen sowie Beziehungen. Hier sollen sowohl die Beziehungen zwischen Reiter und Pferd als auch die reitende Gruppe dargestellt werden.
MATERIAL	- Zeichenblock DIN-A3- oder DIN-A4-Format; oder andere, auch leicht getönte Papiere - weicher Bleistift, schwarzer Holzfarbstift oder Filzstift - OHP/Folienstift oder Tafel/Kreide
ARBEITSWEISE (Einzelarbeit)	1. Abklären der Figuren: Pferde in Bewegung, Reiter reiten ohne Sattel (Körperhaltung, Gestik, Mimik), Kleidung, Ausstattung mit Waffen, Profildarstellung. Eventuell erprobendes Zeichnen eines Pferdes mit Reiter. 2. Abklären der Szene: Alle Indianer reiten in eine Richtung, sie reiten verstreut, die hinteren Pferde/Reiter werden von den vorderen (teilweise) verdeckt. 3. Zeichnen der Gesamtszene.
ZEITAUFWAND	mindestens eine Unterrichtsstunde
HINWEISE/TIPPS	- Aufgabe kann Bestandteil eines größeren Vorhabens über Indianer sein. - Als Vorarbeit könnten Tierdarstellungen (auch Tiere in Bewegung) betrachtet und zeichnerisch erprobt werden. - Es können zu diesen bildnerischen Problemen auch andere Motive/Themenstellungen gewählt werden: Ritterkampf, Zirkusreiter, Pferderennen, Wagenrennen im alten Rom, Amazonen u. Ä.
WERKBETRACHTUNG	- Schülerarbeiten - eventuell Illustrationen/Fotos aus Tier-, Sagen- und Geschichtenbüchern - Kunstwerke: Toulouse-Lautrec: Der Jockey (Neckar Verlag) Läufergruppe auf einer attischen Vase (Neckar Verlag) Cranach d. Ä.: (Ritter)Turnier mit Bildteppich (Neckar Verlag)

Pablo Picasso, Hunde werden auf den Stier losgelassen, 1957, Aquatinta, Bremen, Kunsthalle, © 1983, SPADEM, Paris/VG Bild-Kunst, Bonn

Pablo Picasso, Hunde werden auf den Stier losgelassen, 1957, Aquatinta, Bremen, Kunsthalle, © 1983, SPADEM, Paris/VG Bild-Kunst, Bonn

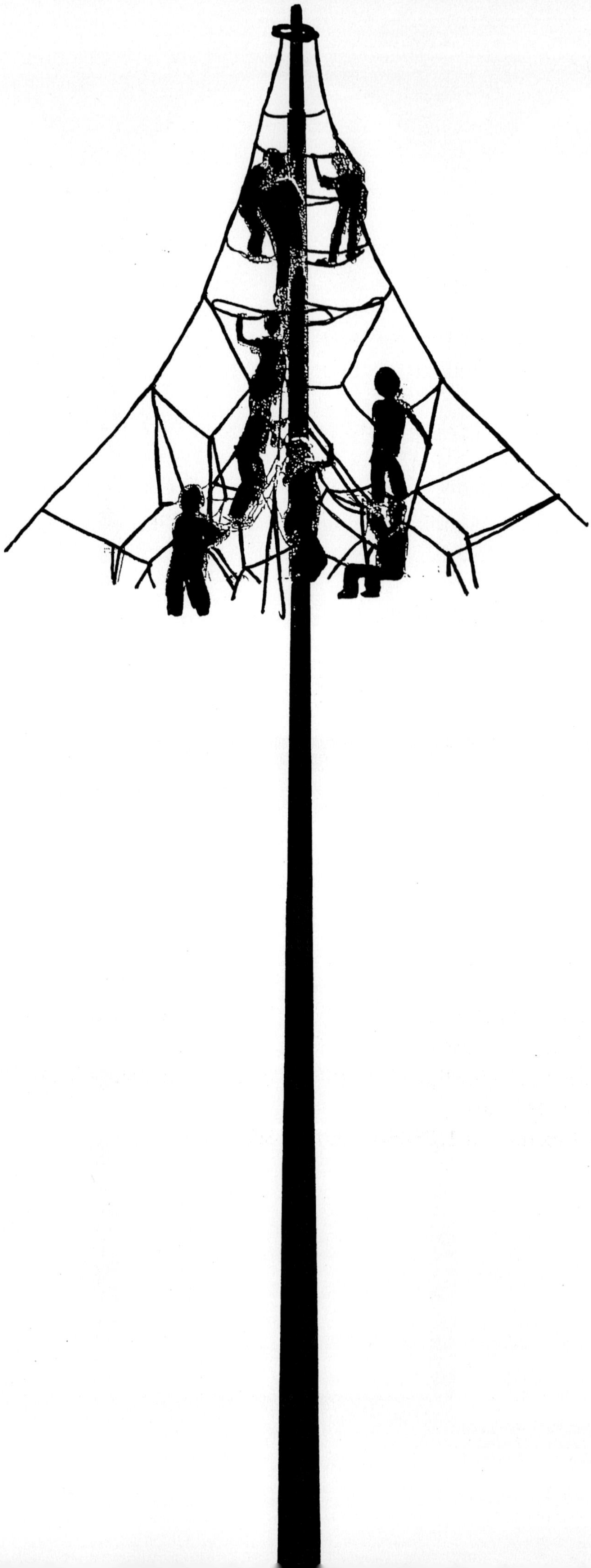

Weiterführende Literatur

Bräuer, G. (u. a.)	Zugänge zur ästhetischen Elementarerziehung Verschiedene Studieneinheiten Tübingen (Deutsches Institut für Fernstudien) 1997-1990
Barth, W.	Bildbetrachtung als Wahrnehmungsübung und Kontextunterricht Frankfurt/M., Bern, New York 1985
Barth, W.	Der Schüler als (lernender) Autor im Kunstunterricht (steht zur Veröffentlichung an)
Kiesel, M.	Bildende Kunst in der Grundschule. Ein Handbuch Bad Heilbrunn 1996
Klant, M. (u. a.)	Grundkurs Kunst 1, Malerei, Grafik, Fotografie Hannover 1988
Regel, G. (Hrsg.)	Moderne Kunst - Zugänge zu ihrem Verständnis Stuttgart 1994
Schütz, H. G., Schiementz, W.	Kunstpädagogische Einsichten Baltmannsweiler 1988

Bildnachweis

Der Abdruck der Kunstabbildungen erfolgte mit freundlicher Genehmigung des Neckar Verlages Villingen-Schwenningen.
Der Verlag bietet preisgünstige Großdrucke und Sammelmappen „Meisterwerke der Kunst“ für den Unterrichtseinsatz.
Neckar Verlag, Klosterring 1, 78050 Villingen-Schwenningen

Kreative Impulse für die Unterrichtsgestaltung

Kreative Kunstideen für kleine Künstler!

Manfred Kiesel
Kreativer Kunstunterricht in der Grundschule
Arbeiten mit Farben
152 S., DIN A4, kart. Best.-Nr. **3073**

Fehlen Ihnen die Ideen, wenn es wieder einmal um Farbgestaltung geht? Mit über 80 Unterrichtsvorschlägen finden Sie in diesem Band zahlreiche Vorlagen und Ausführungshinweise, die einen mühelosen Einstieg in verschiedene Mal-, Druck- und Klebetechniken ermöglichen. Die Themenauswahl ist kindgemäß und ausbaufähig, Fächerverbindungen sind aufgezeigt und erläutert.

Mirca Dalla Piazza Popp/
Barbara Bucher Senn
Sonnengelb und Erdbeerrot
Mit Kindern auf den Spuren von Vincent van Gogh
80 S., DIN A4, kart.
Best.-Nr. **3150**

Vincent van Gogh im Kindergarten und in der Grundschule, ein zu anspruchsvolles Thema? Keineswegs: Die Autorinnen fassen die Biografie des Malers in eine kindgerechte Lebensgeschichte, die es den Kindern erlaubt, sich mit dem Knaben Vincent zu identifizieren. Die visuelle und kreative Auseinandersetzung mit Bildern von van Gogh steht im Zentrum; die daraus erwachsenden Ideen zu spielerischer Umsetzung und kreativer Verarbeitung ermöglichen den Kindern eine intensive Wahrnehmung von Natur, Farbe und Form, und sie begegnen aktiv ganz verschiedenen kreativen Techniken (Zeichnen mit selber hergestellten Kohlestiften, Wasserfarbe, Frottage, Collage, Bodypainting u. a.).

Susanne Pröschel
Picasso & Co.
Band 1
Praktische Anregungen für den Kunstunterricht in der Grundschule
88 S., DIN A4, kart. Best.-Nr. **3391**

Tauchen Sie mit den Kindern in die fantasievolle Welt Joan Mirós, in den Farbenreichtum von Hundertwasser oder in das spannend-vielfältige Bilderreich Picassos ein! Mit diesem Band holen Sie einige der bedeutendsten Künstler des 19. und 20. Jahrhunderts und ihre Werke direkt ins Klassenzimmer.
10 erprobte und kindgerecht aufbereitete Unterrichtsstunden mit tollen Gestaltungsideen und Umsetzungstipps sorgen für einen abwechslungsreichen Kunstunterricht. Leben, Werk und Technik der verschiedenen Künstler werden anschaulich und handlungsorientiert vermittelt.

Annette Fengel/Barbara Lukas-Wolf
Kennst du Kunst?
Band 1: Anleitung zum kreativen Umgang mit Kunstwerken ab dem Grundschulalter
104 S., DIN A4, kart. Best.-Nr. **2731**

Der Hase Knabinsky führt die Kinder durch die Welt moderner Pinselakrobaten.
Neben Bildbetrachtung und zahlreichen Gestaltungsideen erfahren die Kinder auch viel Spannendes über Picasso, Klee, Matisse, Warhol u. a.
Vielseitig einsetzbares Material für einen kreativen Unterricht!

Auer BESTELLCOUPON Auer

Ja, bitte senden Sie mir/uns

____ Expl. Manfred Kiesel:
Kreativer Kunstunterricht in der Grundschule – Arbeiten mit Farben Best.-Nr. **3073**

____ Expl. Mirca Dalla Piazza Popp/Barbara Bucher Senn:
Sonnengelb und Erdbeerrot Best.-Nr. **3150**

____ Expl. Annette Fengel/Barbara Lukas-Wolf
Kennst du Kunst? – Band 1 Best.-Nr. **2731**

____ Expl. Susanne Pröschel:
Picasso & Co. – Band 1 Best.-Nr. **3391**

mit Rechnung zu.

Rund um die Uhr bequem bestellen unter:
Telefon: 01 80/5 34 36 17
Fax: 09 06/7 31 78

Bitte kopieren und einsenden an:

Auer Versandbuchhandlung
Postfach 11 52
86601 Donauwörth

Meine Anschrift lautet:

____
Name/Vorname

____
Straße

____
PLZ/Ort

____
Datum/Unterschrift